Kultur und Freiheit

Roland Bernecker und Ronald Grätz (Hg.)

Kultur und Freiheit

Beschreibung einer Krise

Steidl

Inhaltsverzeichnis

Kultur und Freiheit
Einleitung

»Das Geheimnis des Glücks ist die Freiheit, und das
Geheimnis der Freiheit ist der Mut.«
— Perikles

Von Ketten und Felsen

Ein Buch zum Thema »Kultur und Freiheit« herauszugeben – das kann ebenso zeitgemäß wie unbescheiden anmuten. Die Aktualität der Fragestellungen, die sich aus der Konfrontation beider Begriffe ergeben, leuchtet unmittelbar ein. Wir erleben eine Krise der Freiheit, und wir sind in mancher Hinsicht auch Zeitgenossen einer kulturellen Krise als Krise der Freiheit. Es genügt, an die informationstechnologische Transformation unserer gesamten Lebenswelt zu denken, deren tatsächliche Reichweite wir bisher nur erahnen, die aber bereits unseren Alltag und unser Lebensgefühl umfassend kolonisiert. Von welcher Kultur, von welcher Freiheit soll die Rede sein? Indem wir *Kultur und Freiheit* zum Thema machen, begeben wir uns in eine kritische Höhenlage der Abstraktion. Beide Begriffe sind so fordernd wie unscharf, beiden eignet eine provozierende Prätenziosität.

Es ist paradox, dass die Begrifflichkeiten umso vager und unbestimmter werden, je tiefer ihre Bedeutung für unsere Selbstvergewisserung reicht. Wir dürfen diese Begriffe und die sie umgebenden semantischen Gravitationsfelder aber nicht unterschätzen. Die Vagheit der Begriffe *Kultur* und *Freiheit* ist die Kehrseite ihrer Relevanz. Dass sie uns zunehmend unheimlich werden, liegt daran, dass wir viel in sie hineinlegen und viel aus ihnen herausnehmen. Ihre Bedeutung für unsere politischen Debatten verdankt sich nicht ihrer – zweifellos vorhandenen – rhetorischen Valenz. Sie liegt vielmehr in einem kritischen Gehalt, ohne den unsere Selbstbeschreibungen nicht auskommen. Kultur und Freiheit ziehen wir als fundamentale Kriterien für unsere Bewertung von Lebensqualität heran. Und schließlich haben sie auch einen großen Anteil an den politischen Programmen, mit denen wir unsere gesellschaftlichen Räume formatieren.

»L'homme est né libre, & partout il est dans les fers« – »Der Mensch ist von Natur aus frei, und doch überall in Ketten«. Mit diesem Paukenschlag von einem Satz beginnt Jean-Jacques Rousseau seinen Traktat zum *Contrat social*. Es ist einer der berühmtesten ersten Sätze, mit dem je eine philosophische Dissertation eröffnet wurde. Rousseau prangert einen fundamentalen und als Skandalon kaum zu überbietenden Widerspruch an: Freiheit ist das Recht, das dem Menschen von Geburt an eignet, gewissermaßen als eine konstitutionelle Befindlichkeit. Aber sie wird ihm nicht nur gelegentlich, sondern systematisch vorenthalten. Der Absolutheit des Wertes der Freiheit entspricht das absolute Ausmaß ihrer Missachtung, für deren Vergegenwärtigung Rousseau kein Bild geeigneter erscheint als das der besonders anschaulichen Form der *Ketten*.

180 Jahre später, in einem berühmten Traktat von Albert Camus, verwandeln sich die Ketten als Urbild menschlicher Unfreiheit im Zuge einer Neubewertung des Freiheitsproblems in ein modernisiertes Bild, das uns heutige – im permanenten Projektmodus laufende – Subjekte mehr anspricht: Das Bild des Sisyphos, der ebenso zwanghaft wie unentwegt und vergeblich einen Felsbrocken hangaufwärts rollen muss. Die Frage der Freiheit wird von Camus in eine existenzielle Dimension gewendet. Am Ende kommt er zu einer überraschenden Schlussfolgerung, die wiederum als einer der berühmtesten letzten Sätze in die Weltliteratur eingegangen ist: »Il faut imaginer Sisyphe heureux« – »Wir müssen uns Sisyphos als glücklichen Menschen vorstellen«.

Die Paradoxie hat sich umgekehrt. Der politischen Empörung Rousseaus entspricht bei Camus die Akzeptanz. Bei Rousseau ist der freie Mensch angekettet, bei Camus ist er dem Zwang ausgeliefert, einen Fels zu rollen, findet aber darin seine Freiheit. Das Einwilligen in die Unausweichlichkeit ist ein Akt der Befreiung. Diese Einwilligung wurde möglich, nachdem eine ebenso radikale Befreiung erfolgte: Die Befreiung von transzendenten Autoritäten. Das Eingeständnis, dass es keine göttlichen oder wie auch immer gearteten jenseitigen Autoritäten gibt – »cet univers désormais sans maître« –, auf die wir uns als Bedingung unserer Unfreiheit berufen könnten, macht uns selbst zur letzten Instanz. Im kosmischen Maßstab ist keine Macht verblieben, die uns noch für Klagen oder Petitionen zur Verfügung stünde. Freiheit ist der Prozess dieser Bewusstwerdung, sie ist eine Haltung. Man muss sie bewusst einnehmen und stellt damit vertraute Bindungen und Gewissheiten zur Disposition. Der Kampf gegen Gipfel, sagt Camus, vermag ein Menschenherz auszufüllen.

Ganz im Sinn des Kantischen *sapere aude* ist eine der Voraussetzungen für Freiheit der Mut, das auszuhalten, was einem in dieser Freiheit begegnet. Der Prozess der Bewusstwerdung, den Camus beschreibt, ist ein kultureller. Sowohl die auktoriale Struktur unserer Universen als auch die Wege unserer Emanzipationen sind kulturell vermittelt. Kultur hat die doppelte Funktion, ebenso sehr ein System zu unserer Entlastung von den Zumutungen der Freiheit zu sein, wie auch das kulturelle Instrumentarium bereitzustellen, das uns zur Wahrnehmung von Freiheit erst befähigt.

Zwei Begriffe von Freiheit

Die auch heute noch wirkungsmächtigste und heuristisch ergiebigste Auseinandersetzung mit der Vielschichtigkeit des Freiheitsbegriffs geht auf Isaiah Berlin zurück, der mit seiner Familie als Kind 1919 aus Riga nach London emigrierte und sich einen Namen als brillanter politischer Intellektueller machte. Seine Analysen aus den USA für die britische Botschaft veranlassten Churchill, ihn 1944 zu einem Mittagessen einzuladen, zu dem dann aber aufgrund einer berühmt gewordenen Verwechslung der Komponist von »White Christmas«, Irving Berlin, erschien. Seine Antrittsvorlesung an der University of Oxford am 31. Oktober 1958 widmete Isaiah Berlin Überlegungen zu »Two Concepts of Liberty« – zwei Freiheitsbegriffen, denen eine bemerkenswerte Wirkungsgeschichte beschieden war. Quentin Skinner nennt den Essay von Berlin »den mit Abstand wichtigsten Beitrag, der in unserer Zeit zu diesen Fragen publiziert wurde«.[1] Die Wirkkraft seiner Analyse ist auch darauf zurückzuführen, dass Berlins Blick geschärft war von seiner Zeitgenossenschaft einer Epoche, die weitreichende und konkrete Anschauungen für radikale Infragestellungen des Freiheitskonzepts bot. Berlin plädiert für einen sorgfältigen Umgang mit ideellen Konzepten wie Freiheit. Zu oft würden diese unterschätzt. Ideen sind in seinen Augen ein Gefahrengut, weil »frei florierende, von ihren Hütern — den ausgebildeten kritischen Denkern — vernachlässigte Ideen eine enorme Eigendynamik erlangen und die Massen unwiderstehlich in ihren Bann ziehen können, so daß keine rationale Kritik mehr dagegen ankommt.«[2] Es war die konkrete Erfahrung totalitärer Ideologien und der von ihnen ausgelösten »Eruptionen der Humangeschichte«, die Berlin veranlassten, sich mit dem »klassischen Zentralproblem der Politik zu befassen: dem Problem von Zwang und Freiheit«.[3]

An der Zentralität dieses Problems hat sich nichts geändert. Aber die Perspektiven haben sich verschoben. Daher ist es von Interesse, sich noch einmal zu vergegenwärtigen, wie Berlin das Freiheitsproblem aufgeschlüsselt hat.

Berlin geht von der Unterscheidung in negative und positive Freiheit aus. *Negative* Freiheit ist die Freiheit von äußeren Zwängen. Sie ist Handlungsfreiheit als Abwesenheit von Einschränkungen, die mir von außen auferlegt werden – zum Beispiel mit den Ketten Rousseaus. Dieses Grundverständnis von Freiheit als der »Domäne ungehinderten Handelns« liegt auch dem liberalen Gesellschaftsverständnis zugrunde, wie es von Denkern wie Hobbes, Locke und Mill entwickelt wurde. Es ist grundlegend für die Offenheit der Räume zur künstlerischen Arbeit. Nach dem Prinzip der negativen Freiheit gilt, dass es keinen Grund gibt, die Freiheit von Einzelnen zu beschränken, solange daraus keinem anderen Schaden entsteht. Dies betrifft die Redefreiheit, die Bewegungsfreiheit und insbesondere auch die Freiheit des künstlerischen Ausdrucks. Negative Freiheit bedeutet: Man wird nicht gehindert, etwas zu tun, das man aus eigener Entscheidung tun will. Das heißt aber noch nicht, dass man es auch tun kann. Hier öffnet sich ein Gelände mit komplexen ethischen und politischen Fragen. Ein Mangel an Ressourcen etwa ist in diesem engen und grundlegenden Verständnis der negativen Freiheit keine Einschränkung von außen. Nicht gehindert zu werden, ist eine Sache. Über notwendige Ressourcen für etwas zu verfügen, eine andere. Negative Freiheit gibt damit die Antwort auf die Frage: »Wie weit reicht die Privatsphäre – von Menschen oder Gruppen –, in die niemand eingreifen darf?« [4]

Beim *positiven* Freiheitsverständnis geht es darum, was wir mit unserer Freiheit anfangen. Es beschreibt die Freiheit *zu* etwas. Welche Ziele kann und will ich mir geben, welche Zwecke will ich verwirklichen und welche Mittel will ich dazu einsetzen? Die Frage ist nicht, ob ich daran gehindert werde, etwas zu tun, sondern ob ich selbst darüber entscheiden kann, welches Leben ich führen möchte. Die »positive« Bedeutung des Begriffs »Freiheit« verdankt sich dem Wunsch, nicht von äußeren Kräften abhängig sein:

»Ich möchte meinen eigenen Willen durchsetzen, nicht den anderer; ich möchte Subjekt, nicht Objekt sein, möchte eigenen Gründen und bewußten Absichten folgen, nicht gleichsam von außen einwirkenden Ursachen. Ich möchte jemand, statt niemand, möchte ein Akteur sein, der autonom entscheidet, anstatt für sich entscheiden zu lassen.« [5]

Diese Dimension der Freiheit ist es, die sich der Sisyphos von Camus mit seiner Zustimmung zu einer Situation erschließt, indem er sie sich mit seiner Entscheidung zu eigen macht.

Die Unterscheidung in negative und positive Freiheit ist ein reduktionistisches heuristisches Konstrukt. Es gibt Überschneidungen zwischen beiden. Es gibt weitere mögliche Aspekte, die man differenzieren und Dimensionen, die man entwickeln kann. Es gibt neben diesen beiden dritte und vermutlich auch vierte Freiheiten. Der besondere Wert dieser speziellen binären Unterscheidung liegt darin, dass sie die deutliche Erfassung eines grundlegenden, politisch besonders relevanten Problems ermöglicht. Beide Perspektiven verhalten sich nämlich nicht einfach komplementär zueinander. Vielmehr haben sich das negative und das positive Verständnis von Freiheit »so weit auseinander entwickelt, dass sie in offenen Konflikt miteinander geraten sind«.[6] Der positive Begriff von Freiheit kann nämlich so verstanden werden, dass sich mit ihm auch die Einschränkung der negativen Freiheit begründen lässt. Die angeblich höhere Freiheit politischer Zwecke lässt sich gegen den individuellen Freiheitsraum des Individuums wenden. Darin sieht Berlin eine Grundfigur der »Eruptionen der Humangeschichte« des 20. Jahrhunderts.

Vom Republikanismus zum Liberalismus

Nicht ganz 150 Jahre vor der einflussreichen Antrittsrede von Isaiah Berlin hat Benjamin Constant, eine der Gründergestalten des modernen Liberalismus[7], denselben Konflikt beschrieben. Auch im Fall von Constant haben wir es nicht mit einer akademischen Sondierung zu tun, sondern mit der Verarbeitung einer außergewöhnlichen historischen Konstellation, die Constant als Zeitgenosse und zum Teil als direkt beteiligter politischer Akteur miterlebt hat. Diese reichte von der Französischen Revolution über die napoleonische Ära bis zu der dann folgenden europäischen Restauration. Interessant ist, dass auch Constant seine Analyse (»*De la liberté des Anciens comparée à celle des Modernes*« – »*Über die Freiheit der Alten im Vergleich zu der der Heutigen*«) wie Berlin als Rede vortrug, gehalten 1819 im Pariser *Athénée royale*.

Das antike Verständnis von Freiheit war für Constant ein republikanisch-kollektives: »Le but des anciens était le partage du pouvoir social entre tous les citoyens d'une même patrie : c'était là ce qu'ils nommaient liberté« – Ziel für die Alten war die gleichberechtigte Teilhabe aller Bürger desselben Vaterlandes an der politischen Selbstbestimmung.[8] Dafür war man in der Antike bereit, erhebliche Opfer im Bereich der persönlichen Freiheit zu bringen. So war dieses kollektive Freiheitsverständnis kompatibel mit der »vollständigen Unterwerfung des Individuums unter die Autorität der Gemeinschaft. [...] Jeder spürte mit Stolz das Gewicht der eigenen Stimme und fand im Bewusstsein dieser persönlichen Bedeutung eine reiche Entschädigung«.[9]

In der »Moderne« des Jahres 1819, so Constant, war diese Form der unmittelbaren politischen Partizipation nicht mehr möglich. Sie entfiel als Entschädigung für die enge Sozialkontrolle durch das republikanische Kollektiv. In der Massengesellschaft der *multitude* hätten wir das Gefühl dafür verloren, im politischen Geschehen noch eine Rolle zu spielen: »Das Individuum verliert sich in der Menge und spürt so gut wie nichts mehr von dem Einfluss, den es ausübt. Sein Wille prägt die Gemeinschaft nicht mehr, seine Mitwirkung ist ihm nicht mehr erkennbar. Die Ausübung unserer politischen Rechte verschafft uns also nur noch einen geringen Teil des Vergnügens, das sie den Alten bot, und zugleich haben die Fortschritte der Zivilisation, die gegenwärtige Neigung zur Handelstätigkeit und die Verständigung der Völker untereinander die Möglichkeiten des privaten Glücks zahlreicher und vielfältiger gemacht. [...] Das Ziel der Modernen ist die Sicherheit in den privaten Annehmlichkeiten; Freiheit nennen sie die Garantien, die ihnen hinsichtlich dieser Annehmlichkeiten von den Institutionen gegeben werden«.[10]

Ein wichtiger Grund für die Verschiebung des Verständnisses von Freiheit ist nach Constant die zunehmende Bedeutung des Handels. War in der Antike noch der Krieg die politisch wichtigste Form der Interaktion zwischen Völkern, so wurde in seinen Augen in der Moderne der Krieg vom Handel abgelöst. Constant betrachtet Handel nicht nur als friedlichere, sondern auch als effizientere Form des Austauschs. Der Handel ist für ihn ein zentraler Motor der Entwicklung eines modernen, individualistischen Freiheitsbegriffs. Handel setzt auf den Unternehmergeist und verändert die Formen von Eigentum, was sich unmittelbar auf das Freiheitsverständnis auswirkt. Constant gibt dabei eine interessante Einschätzung der zunehmenden Verschiebung im Verhältnis von Macht und Geld. Die Schwächung politischer Macht zugunsten des vom Handel generierten Reichtums bringt nach seinem Urteil einen friedfertigen Kosmopolitismus hervor. Er träumt den liberalen Traum von der »guten« Globalisierung:

»Macht bedroht, Reichtum belohnt: Der Macht entkommt man, indem man sie täuscht; um dasselbe zu erreichen, muss sich die individuelle

Existenz weniger mit der politischen Existenz abgeben. Die Individuen verlagern ihre Schätze in die Ferne und nehmen alle Annehmlichkeiten des privaten Lebens dorthin mit. Der Handel hat die Nationen angenähert und ihnen nahezu gleiche Sitten und Gewohnheiten gegeben: Die Oberhäupter können verfeindet sein – die Völker teilen ein Vaterland«.[11]

Diese optimistische Einschätzung der Ethik des globalen Handels und einer strikten Trennung von der Sphäre der Politik dürfte heute nur noch von den wenigsten geteilt werden.

Aus der zunehmenden Komplexität der sich modernisierenden Gesellschaften und ihrer hohen ökonomischen Dynamik zieht Constant die Schlussfolgerung, dass politische Mitwirkung nur noch über repräsentative Formen sichergestellt werden kann. Er verbindet die Delegation von politischer Verantwortung aber mit einer eindringlichen Warnung. Das moderne, mit der Verfolgung seiner eigenen Geschäfte vollständig ausgelastete Individuum müsse aufpassen, dass sich die politischen Autoritäten nicht zu stark in das private Leben einmischten. Hier teilt er die grundsätzlichen und ausdrücklichen Bedenken, wie sie dann in der Folge auch Isaiah Berlin aufgenommen hat:

»Die Gefahr der modernen Freiheit besteht darin, dass wir zu leicht auf unser Recht zur politischen Teilhabe verzichten, weil wir mit dem Genuss unserer privaten Unabhängigkeit und der Verfolgung unserer eigenen Interessen allzu beschäftigt sind. Die politischen Autoritäten bestärken uns in diesem Verzicht. Sind sie doch allzu bereit, uns diese Mühen abzunehmen, mit Ausnahme der, zu gehorchen und zu zahlen! Sie werden uns sagen: Was ist denn der tiefere Sinn eurer Mühen, das Motiv eurer Anstrengungen, das Objekt all eurer Hoffnungen? Ist es nicht das Glück? Nun denn, lasst uns gewähren, und wir werden euch dieses Glück verschaffen. Nein, meine Herren, wir lassen euch nicht gewähren. Wie berührt man auch von einer so wohlmeinenden Fürsorge sein könnte: Wir bitten die Autoritäten, innerhalb ihrer Grenzen zu bleiben. Sie sollen sich darauf beschränken, gerecht zu sein. Wir kümmern uns selbst um unser Glück!«[12]

Kritik der positiven und negativen Freiheit

Von Jakob Taubes ist überliefert, er habe Studierende dazu angehalten, »in jedem bedeutenden Werk nach dem Satz zu suchen, um dessentwillen es geschrieben sei«.[13] In Berlins *Two Concepts of Liberty* ist es der Gedanke: Negative und positive Freiheit sind nicht zwei Gradierungen eines Konzepts von Freiheit, »vielmehr prägt die markante Differenz zwischen ihnen den zentralen ideologischen Konflikt der gegenwärtigen Welt.«[14] Dieser Konflikt besteht darin, dass die negative Freiheit zwar nur einen Ausschnitt dessen erfasst, was wir heute unter Freiheit verstehen. Es ist aber der Ausschnitt, der grundlegend ist für unseren Handlungsspielraum als Individuen und für unsere intuitive Wahrnehmung von Freiheit. Der positive Begriff von Freiheit hingegen – und das ist die unmissverständliche Pointe von Berlins gedanklich dichten Ausführungen – schlägt leicht um in die Freiheit zu einer vorgeschriebenen Lebensform, in einen Vorwand für »brutalste Tyrannei«:

»So kann man sich leicht einreden, andere zu ihrem Glück zwingen zu müssen: nicht im eigenen, sondern nur in ihrem Interesse. Damit geht häufig das Postulat einher, besser als sie selber zu wissen, was gut für sie ist, so daß sie als wahrhaft kluge, vernünftige Menschen gar nichts dagegen einzuwenden hätten. Man kann allerdings noch erheblich weiter gehen und behaupten, sie strebten eigentlich etwas an, das sie in ihrer Umnachtung vehement ablehnten. Tief in ihrem Innersten wirke nämlich etwas Okkultes – ihr latenter rationaler Wille oder ihr ›wahres‹ Motiv. Obwohl dem alles widerspreche, was sie bewußt empfänden, täten oder äußerten, sei das ihr ›wahres‹ Selbst, von dem das armselige empirische Ich in Raum und Zeit wenig oder gar nichts wisse.«[15]

Es wird deutlich, dass Berlin an Constant anknüpft. Die positive Freiheit impliziert tendenziell eine asymmetrische Erkenntnissituation. Damit schafft sie die Legitimität für eine asymmetrische Machtkonstellation. Letztlich werden nur Autoritäten und politisch sanktionierte Institutionen mit ihrer höheren verbürgten Rationalität in der Lage gesehen, angemessene Zwecke der Freiheit zu bestimmen. Der Begriff der positiven Freiheit ermöglicht es ihnen, dass sie dies vorgeblich im Interesse aller Betroffenen tun. Dabei kommt es dann gar nicht mehr darauf an, zu welcher Einschätzung diese selbst bezüglich ihrer Wahl kämen. »Dieser perfide Betrug – X's fiktive Entscheidung als jemand, der er zumindest noch nicht ist, mit dem gleichzusetzen, was er faktisch anstrebt oder wünscht – prägt alle politischen Theorien über Selbstverwirklichung.«[16] Diese in ihrer Tendenz *totalitäre* Beherrschung der menschlichen Freiheitsräume ist es, was Berlin zufolge die rationalistische politische Theorie seit ihren Anfängen in der griechischen Antike implizit immer schon gewollt habe: »Im Prinzip könne es nur eine richtige Lebensform geben.«[17]

Es ist im Sinne der ideologiekritischen Intention von Berlin notwendig, sich die Gegenposition zu diesem Konzept der Freiheit zu veranschaulichen. Mit dieser Gegenposition, die heute wieder vermehrt Anklang findet, sind nicht die Erweiterungen und zum Teil auch Relativierungen seines Konzepts gemeint, wie sie Quentin Skinner mit einem *Third Concept of Liberty*, Axel Honneth mit einem erweiterten Konzept einer »kommunikativen Freiheit« oder Judith N. Shklar mit ihrem prägnanten »Liberalismus der Furcht« – der übrigens die Grundintention von Berlin aufnimmt: die Immunisierung gegen politische Gewalt – in Auseinandersetzung mit Berlin entwickelt haben, und die an dieser Stelle nicht weiter verfolgt werden können.

Es kommt hier darauf an, die Gegenposition zu erfassen, wie sie etwa Charles Taylor in seiner philosophischen Anthropologie der Selbstverwirklichung vertritt. Für Taylor ist die Differenz zwischen dem wahren, authentischen Wollen der bewussten Selbstlenkung und dem meist weit dahinter zurückbleibenden tatsächlichen Niveau unserer Selbstentfaltung ein zentrales philosophisches Problem. Taylor setzt Freiheit mit echter Selbstverwirklichung gleich und gibt zu bedenken, dass es zur Bestimmung der Freiheit nicht ausreichen könne, zu tun, »was immer wir gerade wollen«. Denn frei seien wir nur, wenn wir das wollten, was unserem »wirklichen Willen« und unserem »wahren Selbst« entspräche: »Wir sind nicht frei, wenn wir durch Furcht, durch zwanghaft verinnerlichte Normen oder falsches Bewusstsein motiviert werden, unsere Selbstverwirklichung zu vereiteln.«[18] Es reicht für die Bestimmung der Freiheit nicht aus, etwas zu wollen und es dann auch tun zu können. »Es ist zugleich erforderlich, dass das, was wir wollen, nicht unseren grundlegenden Zielen oder unserer Selbstverwirklichung zuwiderläuft«.[19]

Nun könnte man einwenden, dies sei ein Luxusproblem zum Beispiel für eine Journalistin, die wegen eines regimekritischen Artikels zu einer langen Haftstrafe verurteilt wurde. Schwerer wiegt nach unserer Auffassung der grundsätzliche Verdacht, mit dem das Subjekt in dieser Theorie prinzipiell belegt wird: *Nicht authentisch zu sein.* Die Kategorien des *wahren Willens* und des *wirklichen Selbst* werden gegen jede mögliche Entscheidung des Subjekts in Anschlag gebracht. Taylors Menschenbild ist das eines konstitutiv defizitären Wesens, das sich stets in einer Schuld sich selbst gegenüber befindet.

Diesen Freiheitsbegriff könnte man *therapeutisch* nennen. Es geht wesentlich um die Beschreibung und Behebung von Defiziten der Selbstverwirklichung. Freiheit ist in diesem theoretischen Konzept die stete

Bewegung hin zu größerer Authentizität. Man mag das durchaus einleuchtend finden. Dieser Freiheitsbegriff wird aber problematisch, wo er dem Subjekt die Zuständigkeit für sich selbst abspricht. Denn die Beschreibung und Behebung von Defiziten der Freiheit ist für Taylor nicht in erster Linie Sache des Individuums selbst, sondern von therapeutischen Instanzen, auf die das Subjekt in dieser Hinsicht angewiesen ist:

»Das Subjekt selbst kann in der Frage, ob es selbst frei ist, nicht die letzte Autorität sein, denn es kann nicht die oberste Autorität sein in der Frage, ob seine Bedürfnisse authentisch sind oder nicht, ob sie seine Zwecke zunichte machen oder nicht«.[20]

An dieser Stelle würde man einen Hinweis darauf erwarten, wer oder was diese letzte Autorität ist, wer diese Position gegenüber dem an chronischem Authentizitätsdefizit leidenden und daher therapiebedürftigen Subjekt einnehmen kann. Die Gesellschaft? Die Politik? Der Priester oder die Therapeutin? Die Frage bleibt offen. Vielleicht sind es die Philosophen. In dieser Konstellation muss man hoffen, dass die beratenden und helfenden Kräfte tatsächlich freundschaftliche und wohlmeinende sind und in ihrer präsumtiven Kenntnis der wahren Verwirklichungsziele des Subjekts weniger systematisch irren als dieses selbst. Letztlich ist aber nur schwer erkennbar, wie eine Instanz, die nicht das Subjekt selbst ist, diesen Prozess verantwortlich steuern und internalisieren soll. Denn der Schlüssel auch von erfolgreichen Therapien ist es, dass das betroffene Subjekt diese sucht, annimmt und den sich ihm anbietenden Einsichten zustimmen kann und will. Dem in dieser Hinsicht tatsächlich bedrängten und wie ein Sisyphos ringenden Subjekt ist jedenfalls nicht damit gedient, wenn man es mit schlechten Nachrichten aus der klinischen Praxis der angewandten Philosophie vollends entmutigt. Es ist viel menschenfreundlicher, das Subjekt zu der Beherztheit zu ermutigen, wie sie Camus im Sinn hatte.

Kann Freiheit überfordern?

Taylors Kritik der negativen Freiheit trifft sich mit einem konservativen Denken, das man etwas ungenau als kommunitaristische Tugendlehre bezeichnen könnte. Es sieht in dem erweiterten und auf den Handlungsspielraum des Individuums zielenden Freiheitsbegriff der Moderne und darüber hinaus in den Erscheinungsformen der kulturellen Moderne ein grundsätzliches Problem der westlichen Gesellschaften. Das Individuum sei mit der ihm zugewiesenen Freiheit überfordert. Daher ist die Insistenz auf dem persönlichen Freiraum, der dem Individuum im Konzept der negativen Freiheit zugesichert werden soll, für dieses Denken ein Irrtum und die Quelle des Übels. Sprach Taylor in diesem Sinne noch von einem »Irrtum der negativen Freiheit«, so steigert sich das in dem in dieser Hinsicht expliziten Text »The Politics of Virtue«[21] von John Milbank und Adrian Pabst zu einer »Tyrannei der negativen Freiheit«.[22] Interessanterweise hat die *Tyrannei* hier seit Isaiah Berlin die Seiten von der positiven zur negativen Freiheit gewechselt.

Diese zugespitzte Variante der Liberalismuskritik geht davon aus, dass die westlichen Gesellschaften zurzeit von manipulativen Eliten geführt werden. Das passt im Übrigen zu der ihr zugrunde liegenden Auffassung von der Unmündigkeit der Menschen im Allgemeinen. Hinter den liberalen Ideologien der Gegenwart und ihrer zersetzenden Wirkung auf die öffentliche Moral sehen Milbank und Pabst oligarchische Verbünde am Werk, die mit den ihnen zur Verfügung stehenden Mitteln diese degenerative Dynamik am Laufen hielten und dabei auch darauf achteten, dass ihr Einfluss nicht offenkundig werde.[23] Es handelt sich hier nicht um krude Verschwörungstheorien, sondern um akademisch substantiierte, wenn auch insgesamt wenig stringente Analysen. Ganz im Sinne der Taylorschen Subjektdefizienz gehen Milbank und Pabst davon aus, dass es klarer gesellschaftlicher Hierarchien bedürfe und dass es Eliten geben müsse, die in diesen die Führung übernehmen. Es sind nach ihrer Auffassung nur offenbar die falschen Eliten, die sich im gegenwärtigen liberaldemokratischen System der westlichen Welt an die Spitze der Geschichte gesetzt und die Führung übernommen hätten. Kritiker von Eliten vermuten oft nur andere an der Stelle, an der sie sich selbst gerne sähen.

Wenn man von einer Krise der gegenwärtigen Gesellschaften ausgeht, die auch eine Krise der Freiheit wäre – und die Krise ist bekanntlich der Normalzustand jeder Gesellschaft – dann stellt sich die Frage, welches Bildungsprogramm als Perspektive für die Zukunft vielversprechender ist: Ein kommunitaristisches Tugendprogramm, in dem sich das Freiheitsstreben des Individuums den gesellschaftlichen Zwecken unterzuordnen hat, da ohnehin davon auszugehen ist, dass das Individuum nicht die oberste Autorität in der Frage sein kann, welches seine wahren Bedürfnisse sind, oder ein Bildungsprogramm, das auf das Erlernen des bestmöglichen Umgangs der modernen Subjekte mit ihrer größtmöglichen individuellen Freiheit und der selbstbewussten Wahrnehmung dieser Freiheitsräume setzt. Auch wenn man die beste Antwort irgendwo in der Mitte vermutet, so muss man sich im Klaren darüber sein, dass es sich um Perspektiven mit einer konträren und nicht durchweg zu vereinbarenden Logik handelt.

Wir halten es nicht für einen Zufall und schon gar nicht für einen Fehler im historischen Betriebssystem, dass sich die Lust zur Freiheit und an der Freiheit als unversiegliches und drangvolles Motiv menschlichen Handelns erwiesen hat. Die hochfliegende Freiheitsrhetorik all der Präambeln, Verfassungen und politischen Beschwörungen lügt insofern nicht, auch wenn die Wirklichkeit nur wenig davon tatsächlich einlöst. Die Last der Freiheit kann Sisyphos an niemanden abtreten. Camus' relevanteste Erkenntnis aus der Reflexion des Mythos war schließlich die, dass es für unser Glück wesentlich ist, uns von den Meisterinnen und Meistern und all den Autoritäten zu befreien, die uns die Last unserer Einzigartigkeit abnehmen wollen.

Kultur und Freiheit

Die Begriffe der Kultur und der Freiheit verbindet nicht nur ihre Unschärfe und ihre Beliebtheit in den rhetorischen Höhenlagen. Beiden ist auch eine spezifische Problemstellung zwischen einer individuellen und einer kollektiven Perspektivierung eigen. Wie Benjamin Constant zeigte, hat sich unser Freiheitsverständnis von einem republikanisch-kollektiven der Antike hin zu einem individualistischen Verständnis der Moderne entwickelt, bei dem es mehr um die Freiräume geht, die die bürgerliche Person für sich selbst in Anspruch nimmt. Man kann von einer ähnlichen Entwicklung im Kulturverständnis sprechen. Auch das Kulturelle zerfällt bei näherer Betrachtung in die widerstrebenden Funktionen, zugleich das Kollektiv stützende Bindungswirkungen zu entfalten wie die kreativen Potenziale des sich singularisierenden Individuums zu valorisieren.

1982 wurde in Mexiko City auf einer UNESCO-Weltkulturkonferenz eine seither vielzitierte Erklärung verabschiedet. Es war auch die Konferenz, bei der ein kämpferisch gestimmter Jack Lang als Kulturminister der noch jungen Mitterand-Ära die Staatengemeinschaft für den Widerstand gegen den kulturindustriellen Imperialismus der USA zu mobilisieren versuchte. Diese von 129 Staaten formal indossierte Erklärung von Mexiko City enthielt eine gleich zweifache Erweiterung des Kulturbegriffs.

Kultur umfasse die »Gesamtheit der einzigartigen geistigen, materiellen, intellektuellen und emotionalen Aspekte« einer Gesellschaft oder sozialen Gruppe. Dies schließt nicht nur Kunst und Literatur ein, sondern auch »Lebensformen, die Grundrechte des Menschen, Wertsysteme, Traditionen und Glaubensrichtungen«. Diese Ausdehnung der kulturellen Valorisierung zum sogenannten »erweiterten Kulturbegriff« bezog sich auf die Gegenstände und Elemente, die der kulturellen Sphäre eines Kollektivs zuzurechnen sind. Nicht mehr nur noch die musealen Höhenkämme der Kulturproduktion, die kanonischen, schulbildenden Werke, sollten als kulturell relevant betrachtet werden. Auch die Codes der Ebenen, das, was Michel de Certeau zuvor an anderer Stelle als kulturelle Taktiken des *Everyday Life* beschrieben hatte,[24] seien als Bestandteil einer Kultur anzuerkennen. Dieses Verständnis, das alles andere als neu war und von der UNESCO lediglich formal registriert wurde, hat sich heute vollständig durchgesetzt. Die Kulturalisierung aller Dimensionen unserer Lebenswelt hat sich im Zuge des sogenannten *cultural turn*, also einer Betrachtung unserer Gesellschaften als letztlich vom Menschen selbst kulturell kodifizierter Systeme, nicht nur durchgesetzt, sondern auch noch weiter vervollständigt.

Interessant an der Kulturdefinition von Mexiko ist vor allem der zweite Teil. In ihm wagt sich die UNESCO als zwischenstaatliche Organisation an eine Erfassung der zentralen Rolle, die die Kultur für die Einzelnen spielt und die Einzelnen für die Kultur spielen. Die kritische Transzendierung vorfindlicher kultureller Setzungen durch individuelle Kreativität ist nicht das Lieblingsthema von Regierungsdelegationen oder von strukturellen Eliten, die im Status quo ihr Auskommen finden. Die Mexiko-Definition zielt in diesem zweiten Teil aber genau auf die Bedeutung, die Kultur für das Individuum in der unermüdlichen Exploration seiner unsicheren Freiheitsräume hat – wobei natürlich nicht unbemerkt bleibt, dass immer wieder Formulierungen eingeschleust werden, die eine teilweise Neutralisierung dieser subversiven Tendenz bewirken sollen.

Die Konferenz stimmt »im Vertrauen auf die letztendliche Übereinstimmung der kulturellen und geistigen Ziele der Menschheit darin überein, [...] dass der Mensch durch die Kultur befähigt wird, über sich selbst nachzudenken. Erst durch die Kultur werden wir zu menschlichen, rational handelnden Wesen, die über ein kritisches Urteilsvermögen und ein Gefühl der moralischen Verpflichtung verfügen. Erst durch die Kultur erkennen wir Werte und treffen die Wahl. Erst durch die Kultur drückt sich der Mensch aus, wird sich seiner selbst bewusst, erkennt seine Unvollkommenheit, stellt seine eigenen Errungenschaften infrage, sucht unermüdlich nach neuen Sinngehalten und schafft Werke, durch die er seine Begrenztheit überschreitet.«[25]

Dieser Passus bringt ein erhebliches Maß an subjektiver Unruhe in ein noch überwiegend kollektivistisches Kulturverständnis. Das Nachdenken über sich selbst, das kritische Urteilsvermögen, die Wahlfreiheit gegenüber Werten, das Infragestellen der eigenen Errungenschaften, die Unermüdlichkeit bei der Suche nach neuen Sinngehalten und nicht zuletzt das Überschreiten von Begrenztheiten entwickeln das semantische Feld einer Steigerungsperspektive, in der sich das Individuum mittels der eigenen Kreativkraft an vorhandenen kulturellen Kodierungen abarbeiten und diese überwinden kann. Wer bereits einmal Diskussionen in UNESCO-Konferenzen mitverfolgen konnte, der weiß, wie hart zwischen den Delegationen um einzelne Begriffe gerungen wird und wie stark politische Sensibilitäten die Debatten bestimmen. Die ideologischen Algorithmen, die in den Gesellschaften und staatlichen Systemen der Welt wirken, unterscheiden sich sehr deutlich. Deshalb ist es immer wieder erstaunlich, dass im multilateralen Kräftemessen am Ende dann meist doch konsensuelle Festlegungen erreicht werden. Man kann davon ausgehen, dass die Übersetzungen in die sechs Amtssprachen der Vereinten Nationen insofern dabei behilflich sind, als sie einiges an schwerer Verdaulichem durch terminologische Transposition erträglicher machen. Es ist dennoch eine nicht nur akademische Frage, wie dieser Passus zur Definition des Kulturbegriffs am Ende aussehen würde, wenn er heute in einer zwischenstaatlichen Kulturkonferenz der UNESCO noch einmal zur Diskussion und Abstimmung gestellt würde.

Politische Dissonanzen im Kulturverständnis traten noch einmal deutlich zutage, als der ehemalige UN-Generalsekretär Javier Pérez de Cuéllar 1995 den Bericht einer globalen Enquêtekommission zu Kultur und Entwicklung vorlegte. Dieser Bericht war 1991 von den Vereinten Nationen und der UNESCO gemeinsam in Auftrag gegeben worden. Der Initiative lag eine einfache Überlegung zugrunde: Was die Brundtland-Kommission 1987 mit ihrem Bericht *Our Common Future* – »Unsere gemeinsame Zukunft« zur Erhellung des Zusammenhangs von Ökologie und menschlicher Entwicklung geleistet hatte, sollte auch für die kulturelle Dimension von Entwicklung geleistet werden. Ziel war es, der Kulturpolitik durch eine solche globale Agenda einen Bedeutungsschub zu geben. Weder in der internationalen Agenda noch in den Regierungskabinetten der Staatengemeinschaft spielte die Kultur die Rolle, die ihr viele überzeugte Kulturpolitikerinnen und Kulturpolitiker oder Vertreterinnen und Vertreter von Nichtregierungsorganisationen zuerkannten.

Während die ökologische Debatte mit dem Rio-Folgeprozess bis heute stetig an Bedeutung gewonnen und immer größere Kreise gezogen hat, ist die Kulturdebatte im engen Gelände der Eingeweihten stecken geblieben. Ein Aufflackern gab es lediglich noch einmal 2005, als in Paris ein UNESCO-Völkerrechtsinstrument verabschiedet wurde, das gegen die Freihandelspolitik der Welthandelsorganisation gerichtet war und sich für den Schutz der Vielfalt der weltweiten Kulturwirtschaften stark machte. Es handelte sich gewissermaßen um die Konkretisierung der Vision, mit der Jack Lang bereits 1982 in Mexiko-City die globale Macht der US-amerikanischen Kulturindustrie attackiert hatte. Diese Diskussionen sind freilich angesichts der protektionistisch gefärbten handelspolitischen Sensibilitäten der letzten Dekade inzwischen weitgehend von den Agenden verschwunden.

Dem 1995 erschienenen Bericht der Weltkommission für Kultur und Entwicklung *Our Creative Diversity* – »Unsere kulturelle Vielfalt« merkt man die Spannung an, die zwischen den widerstreitenden Perspektiven des Verständnisses von kultureller Freiheit weltweit bestehen. Kulturellen Pluralismus zu respektieren heißt für viele Staaten, dass man sich Einmischungen von außen in die jeweilige kulturelle Konfiguration von Freiheiten bzw. Unfreiheiten verbittet. Jede Kultur handhabt Fragen des Rechts und der individuellen Handlungsspielräume auf ihre Weise, ist die Botschaft. Freiheit ist in dieser Bedeutung ein Anspruch des Kollektivs:

»Kulturelle Freiheit ist, anders als individuelle Freiheit, eine kollektive Freiheit. Sie bezieht sich auf das Recht einer Volksgruppe, die von ihr gewählte Lebensform zu praktizieren«.[26]

Kulturelle Freiheit wird hier verstanden als Respekt vor der Selbstbestimmung des Kollektivs – ohne weiteren Hinweis darauf, wie diese zustande kommt und wie sich das Kollektiv definiert. Pluralismus und Toleranz gelten als Qualitäten der Anerkennung, die sich Kollektive mit unterschiedlichen kulturellen Wertsystemen wechselseitig schuldig sein sollen. Da der politische Anerkennungsdiskurs im zwischenstaatlichen System von Staaten und den sie vertretenden Regierungen dominiert ist, handelt es sich bei den Kollektiven üblicherweise um das, was die staatlichen Autoritäten in ihrer Deutungshoheit darunter fassen.

Pérez de Cuéllar geht insofern darauf ein, als er in seinem Vorwort die statische Metapher eines *Mosaiks der Kulturen* ins Spiel bringt. Diesem Bild unterliegt eine essenzialistische Sicht. In ihr haben nicht nur die einzelnen Kulturen ihren notwendigen Platz im großen Panorama eines kulturellen Weltkosmos. Dieser selbst hat eine alle Einzelkulturen übergreifende und sinnvoll gefügte Gestalt. Das ist der Gegenentwurf zur Metapher der kulturellen Hybridität, bei der die Verhältnisse durch fluide Bezüge und unklare, verschwimmende Grenzen bestimmt sind.

Die Vorstellung eines solchen statischen und nicht zuletzt staatstragenden Kulturkonzepts wird aber dann gleich wieder relativiert, fast könnte man sagen: ad absurdum geführt: »Kulturelle Freiheit schützt alternative Lebensformen und fördert damit experimentelle Lebensstile, Vielfalt, Phantasie und Kreativität«.[27]

Hier bedeutet Pluralismus Respekt vor der kulturellen Freiheit und auch explorativen Selbstbestimmtheit des Individuums. Insgesamt führt diese hin und her schaukelnde Pointierung beider Seiten eines tiefen ideologischen Kulturgrabens dazu, dass der Bericht kaum zu einer klaren Schlussfolgerung kommt. Es gibt jedoch einen Punkt, in dem eine solche eindeutige Positionierung erfolgt, und dies nicht nur in großer Deutlichkeit, sondern auch mit einer sehr prägnanten Formulierung:

»Zuguterletzt ist Freiheit von zentraler Bedeutung für Kultur, insbesondere die Freiheit zu entscheiden, was wir aufgrund unseres eigenen Urteils für wichtig halten und welche Art von Leben wir führen wollen. Eines unserer grundlegendsten Bedüfnisse ist es, frei darüber entscheiden zu können, was unsere grundlegendsten Bedürfnisse sind. Dieses Bedürfnis ist von einer Kombination aus globalem Druck und globaler Vernachlässigung bedroht«.[28]

Pointierter lässt sich die klassische liberale Position nicht formulieren. An der Vehemenz und dem Selbstbewusstsein, mit denen sich diese Formel präsentiert, lässt sich erkennen, wie wertvoll sie den Autorinnen und Autoren des Berichts erschien: Die Entscheidung darüber, was wir wertschätzen und welche Sinnperspektive wir unserem Leben geben wollen, können wir nur selbst und aufgrund eigener Abwägungen treffen. Das ist eine sehr substanzielle Fassung von kultureller Freiheit.

Diese Zuspitzung des Anspruchs, dass es darum geht, die Handlungsoptionen und Wahlmöglichkeiten für das Individuum zu vermehren, findet sich auch in den Entwicklungskonzeptionen von Amartya Sen und Christian Welzel, um zwei wichtige Vertreter der theoretischen Fundierung der Entwicklungspolitik zu nennen. Sowohl Sen als auch Welzel kommen mit unterschiedlichen Verfahren zu der Schlussfolgerung, dass Entwicklung und Fortschritt letztlich eine transkulturelle Dynamik zugrunde liegt, die auf die Vermehrung der Handlungsoptionen und die Vergrößerung der Freiheitsräume von Individuen sowie deren verantwortlicher Beteiligung an politischen Entscheidungsprozessen gerichtet ist:

»Freiheit ist aus zwei unterschiedlichen Gründen zentral für den Entwicklungsprozess: 1) Der evaluative Grund: Eine Bewertung von Fortschritt muss sich in erster Linie daran orientieren, ob sich die Freiheiten der Menschen vergrößert haben; 2) Der effektive Grund: Das Gelingen von Fortschritt hängt zutiefst von dem freien Handlungsspielraum ab, den Menschen haben«.[29]

Beide Autoren geben damit eine eindeutige Antwort auf die Frage, ob es sich bei dem Konzept der individuellen Freiheit nicht um einen westlichen kulturellen *bias* handle, also um eine spezifische und daher verzerrte kulturelle Konfiguration, die auf andere Kulturräume nicht nur nicht übertragbar sei, sondern die sich darüber hinaus durch die Symptomatiken ihres kulturellen Verfalls bereits hinreichend selbst widerlegt habe. Welzel hält das, was er die *utility ladder of freedom* nennt, für eine konsistente zivilisatorische Logik. Er kommt sogar zu dem Schluss, dass sich der Verlust der globalen Monopolstellung des Westens vollziehen wird, ohne dass dies die emanzipatorischen Tendenzen der Entwicklung der Weltgesellschaften in irgendeiner Form beeinträchtigen würde:

»Im Zeitalter der globalen Kommunikationen ist überall das Erblühen von Gesellschaften sichtbar geworden, die, von starken zivilgesellschaftlichen Kräften getragen, Fortschritte in Wohlstand und Freiheit vorweisen können. Wäre der Drang nach Emanzipation kein in der menschlichen Natur liegendes Streben, dann würde die erhöhte Sichtbarkeit emanzipatorischer Erfolge in anderen Teilen der Welt nicht diese Aufmerksamkeit auf sich ziehen. Sie entfaltet jedoch eine große Anziehungskraft auf die Menschen weltweit, die noch in Armut und Unterdrückung leben, nicht aber in Unwissenheit. Die globalen Kommunikationsmöglichkeiten versetzen diese Menschen in die Lage, ihre Lebensbedingungen zu hinterfragen und sich für eine Mobilisierung für den Wandel zusammenzuschließen. Indem dies geschieht, löst sich die emanzipatorische Bewegung von ihrem Ausgangspunkt. Diese Bewegung bedeutet nicht die Verwestlichung der Welt, sondern im Gegenteil einen Rückgang des Einflusses des Westens. Das Monopol des Westens über die emanzipatorischen Kräfte der Zivilgesellschaften löst sich auf«.[30]

Krisen der Freiheit

Ist dieser – weniger für die Zukunft des Westens, aber doch für das Konzept einer Kultur der Freiheit insgesamt – optimistische Ausblick gerechtfertigt? Oder handelt es sich vielleicht nur um Projektionen, in denen sich tiefsitzende, aber am Ende vergebliche humanistische Hoffnungen spiegeln? Realpolitische Zweifel an einem zivilisatorischen Durchmarsch des Prinzips Freiheit sind durchaus angebracht. Es genügt, auf drei Punkte hinzuweisen, die eher auf eine Krise als auf eine unaufhaltsame Durchsetzung von Freiheit schließen lassen.

1. Wir sind in unseren Ausführungen schon der Ausrufung eines *postliberalen Zeitalters* begegnet. Judith N. Shklar kam bereits 1957 zu dem Urteil, dass »der Liberalismus seit der Französischen Revolution zunehmend seiner selbst unsicher wurde, so dass zurzeit ein konservativer Liberalismus blüht, der ebenso trostlos ist wie der christliche Fatalismus«.[31] Die Widersprüche und Ungleichheiten, die der kapitalistisch getriebene demokratische Liberalismus – verstärkt durch die Erschließung globaler Märkte und technologische Effizienzgewinne – seither in und zwischen den Gesellschaften zunehmend weiter hervorgebracht hat, stellen den kulturellen Konsens infrage, auf dem der soziale Zusammenhalt gründet. Meist sind es neo-konservative Strömungen, die nicht zuletzt die kulturelle Moderne und ihren radikalen Individualismus für das verantwortlich machen, was sie als einen Niedergang von bewährten Tugenden und Werten und damit des gesellschaftlichen Gefüges betrachten. Individuelle Freiheit ist in ihren Augen das, was die kulturelle Substanz zersetzt. In den Fokus geraten dabei immer wieder die Kategorien des Kapitals, des Kommerzes, des Konsums und der Transformation menschlicher Beziehungen in geldwerte Waren.

Diesen Bezug stellt auch der politische Philosoph John Gray, ein Renegat des Liberalismus, in einer Kolumne für den *New Statesman* vom 1. April 2020 her, wenn er sagt:

»Mit dem ganzen Gerede von Freiheit und Wahlmöglichkeiten war der Liberalismus praktisch das Experiment, in dem die traditionellen Wurzeln der sozialen Kohäsion und der politischen Legitimität aufgelöst und durch das Versprechen von steigendem materiellem Wohlstand ersetzt wurden«.[32]

Der Liberale Constant hatte im Übergang aus der Währung der Macht in die Währung des Geldes mit Blick auf eine Steigerung der kosmopolitischen Humanität, der friedlichen Koexistenz erfüllter und gleichgestellter Privatsphären noch einen Fortschritt gesehen. Geld ist das Medium, das die kulturelle Valorisierung in eine allgemeine, allen zugängliche, kulturell neutralisierende Währung überträgt. Geld vermittelt die größtmögliche Freiheit für wertschöpfende Interaktionen und schafft durch sein umfassendes und nivellierendes Wertsystem auch die prinzipielle

Möglichkeit der Ablösung von kulturell markierten Bindungen. Für das postliberale Denken ist daher der Geldwert ein genuiner Feind der kulturellen Werte. Interessanterweise ist es ein Kulturphilosoph, Boris Groys, der diesen Übergang von kulturellen Werten in Geldwerte am schärfsten charakterisiert hat:

»Die moderne Freiheit konkretisiert sich im internationalen Finanzmarkt. Nachdem man sich von allen überkommenen kulturellen Identitäten gelöst, alle regionalen Begrenzungen überwunden und allen bindenden Ideen entsagt hat, beginnt man zu fließen, frei zu zirkulieren, sich unendlich zu flexibilisieren und unbegrenzt zu transformieren. Oder anders gesagt: Der Mensch wird geldähnlich. Die Geldähnlichkeit der modernen Seele hat die Gottähnlichkeit abgelöst.« [33]

Eine Strategie des Umgangs mit der nivellierenden Kraft des Marktes ist die kulturelle Selbstvalorisierung, die der Soziologe Andreas Reckwitz in einer viel beachteten Studie untersucht hat.[34] Das von ihm als allgemeine gesellschaftliche Symptomatik beschriebene Phänomen kultureller Singularisierungsstrategien lässt sich ebenfalls als Zerfallserscheinung eines kulturellen Systems deuten, in dem der Zusammenhang und die geteilten Bezüge das gemeinsame Lebensgefühl stärker durch ihre Infragestellung bestimmen als durch das Bekenntnis zu ihnen.

Einen interessanten Indikator für die kulturelle Kohäsion hat Peter Sloterdijk vorgeschlagen.[35] Was uns über alle künstlich errichteten Grenzen der individuellen Selbstinszenierung hinweg eint, ist in seinen Augen die kollektive Stressbereitschaft. Sloterdijk ergänzt die primäre Kategorie der politischen Unfreiheit um zwei weitere Formen der Einschränkung von Freiheit, die beide eminent kulturellen Charakter haben und zur Stressmaximierung beitragen: die Bedrückung durch den Belastungscharakter der Lebenswirklichkeit und die Versklavung durch falsche Selbstbilder. Was wir als gesellschaftlichen Zusammenhang wahrnehmen, ist oft nur noch der Stress, den wir uns wechselseitig bereiten und in dessen Heimsuchungen wir uns gegenseitig wiedererkennen. Letztlich sind es diese Emotionen, die uns verbinden. Die soziale Erregungsbereitschaft ist zugleich ein effektiver Regulierungsmechanismus für die Freiheiten, die man sich nehmen kann, ohne mit Sanktionen belegt zu werden. Dies legt die Vermutung nahe, dass das allgemeine Stressniveau einer Gesellschaft umso höher steigt, je mehr andere kulturelle Bindungskräfte an Wirkung verlieren.

2. Geopolitisch sind wir nach Beendigung des Kalten Krieges in ein Zeitalter eingetreten, in dem der Wettbewerb um das bessere Gesell-

schaftsmodell neuen Auftrieb erhält. Politische Systeme mit einem grundlegend anderen Verständnis des Verhältnisses von staatlicher Autorität und bürgerlichen Freiheiten, als es sich in der westlichen Moderne langsam, gegen viele Widerstände und mit vielen Rückschlägen entwickelt hat, stellen das globale Primat des Westens selbstbewusst und offensiv infrage.

Dabei sollten wir nicht übersehen, dass es hier um mehr geht als nur um einen Wettbewerb der Narrative. Was sich im Wettbewerb befindet, sind vielmehr Typen der politischen Legitimation, mit allem, was sich an Folgen daraus für die Lebenswirklichkeit und damit auch für die Freiheitsräume der betroffenen Menschen ergibt. Man sollte sich keinerlei Illusion darüber hingeben, dass global erstarkende Staaten – auch wenn sie sich vorerst lediglich auf das Recht der Selbstbestimmung in ihrer kulturellen Diversität berufen – den Anspruch haben, universalisierbare Modelle für die weiteren Entwicklungen der Weltgesellschaften zu sein. Was bereits in vollem Gang ist, sind umfassende geopolitische Strategien zur Erweiterung der politischen, wirtschaftlichen und kulturellen Einflusssphären. Diesem Wettbewerb der Systeme wohnt angesichts der Globalisierung und der politischen Problemlagen notwendigerweise eine unvermeidliche hegemoniale Tendenz inne. Peter Sloterdijk formulierte das in einem Interview so, dass wir aus vielen Geschichten kommen, aber in eine gemeinsame Zukunft gehen:

»Die vielen Kulturen müssen begreifen, dass sie auf überwiegend getrennte Vergangenheiten zurückschauen und auf überwiegend gemeinsame Zukünfte vorausblicken [...] Die lokalen Erzählungen sind zunehmend gezwungen, die idiochronen Horizonte ihrer Geschichtskonstrukte mit dem virtuellen synchronen Horizont der gemeinsamen Weltzeit zu koordinieren.«[36]

Es reicht nicht mehr aus, eine bequeme kulturrelativistische Perspektive auf die Politik zu übertragen. Wenn wir heute über Kultur und Freiheit nachdenken, dann tun wir das nicht mehr nur mit dem kritischen Blick auf unsere eigene Gesellschaft und auf die Konstellationen und Entwicklungen in anderen Gesellschaften; wir tun es auch mit dem Blick auf diesen virtuellen synchronen Horizont einer politischen Zukunft, bei der es im Kern auch um das von Isaiah Berlin so genannte »klassische Zentralproblem der Politik« geht: das Problem von Zwang und Freiheit, nun aber in seiner globalen Dimension.

Für keinen der beteiligten Akteure genügt es, sich auf die eigene Geschichte zu berufen. In der Geschichte waren immer wieder kulturelle

Formatierungen zu überwinden, die von Unfreiheit und zwanghafter Gleichförmigkeit geprägt waren. Wir haben keinen Anlass, Typen der Legitimation von Machtausübung anzuerkennen, nur weil sie aus der jeweiligen Kultur und Geschichte begründet werden. Sinn der Geschichte und der Erinnerung ist es nicht, festzulegen, was wir zu denken und wie wir uns zu verhalten haben, sondern die Möglichkeiten aufzuzeigen, die sich aus den Erfahrungen in der historischen Kontingenz für eine prinzipiell offene Zukunft ergeben. Michel Foucault hat für das kritische Ethos, das wir uns selbst und unserer Geschichte gegenüber in Anwendung bringen sollten, eine schöne Formel gefunden – er bezeichnet dieses Ethos als »historisch-praktischen Test der Grenzen, die wir überschreiten können, und damit als eine Arbeit von uns selbst an uns selbst als freie Wesen.« [37] Das erinnert stark an den zweiten Teil der Kulturdefinition der UNESCO von 1982.

Ganz unabhängig von kulturgeschichtlichen Herleitungen taucht auch die Frage auf, ob es angesichts der zunehmenden Komplexität unserer Lebenswelten nicht notwendig ist, den individuellen Voluntarismus zugunsten einer höheren Rationalität der gesellschaftlichen Organisation, sprich: zugunsten des staatlichen Zwangs einzudämmen. Dieses Argument wird am häufigsten genutzt, wenn es um die Wahrung von Sicherheitsinteressen geht. Aus Sicht von staatlicher Autorität muss die Freiheit immer dort zurücktreten, wo Sicherheitsinteressen berührt werden. Dabei kann Sicherheit natürlich vieles bedeuten und schon dann als gefährdet betrachtet werden, wenn Kritik an Maßnahmen von Regierungen geäußert wird.

In der Bekämpfung der Corona-Pandemie tauchte die Frage auf, ob autoritäre politische Systeme nicht einen Wettbewerbsvorteil in der Bewältigung der Krise hätten, da staatliche Autoritäten die Freiheitsräume von Bürgerinnen und Bürgern unmittelbarer und unhinterfragter einschränken können. Diese Auffassung äußerte etwa John Gray, wobei er sich bezeichnender Weise auf die Nennung der drei Staaten Taiwan, Südkorea und Singapore beschränkt:

»Es fällt schwer zu glauben, dass ihre kulturellen Traditionen, die mehr auf das kollektive Wohlergehen gerichtet sind als auf die personale Autonomie, keine Rolle bei ihrem Erfolg gespielt hätten. Sie haben auch dem Kult des minimalen Staates widerstanden« [38].

Man sollte sich an dieser Stelle nicht zu vorschnellen Schlussfolgerungen verleiten lassen. Ein zentraler Aspekt dieser Krise ist die Wahrhaftigkeit und Transparenz der Information. Eine australische Kommission über die menschliche Zukunft unter Leitung von John Hewson hat im April 2020 zehn Gefahren für das Überleben der Menschheit aufgelistet, zu denen sie neben dem Klimawandel, Umweltschäden, Nuklearwaffen, Wasserressourcen, Ernährung, gefährlichen Technologien, Bevölkerungswachstum, chemischen Verschmutzungen und Pandemien als zehnte Gefahr *denial and misinformation* – Leugnung und Desinformation zählen. Wie groß die Gefahr staatlich gelenkter Zensur oder gezielter Fehlinformation ist, zeigt der aktuelle Bericht 2020 von »Reporter ohne Grenzen«, in dem die gegenwärtig zu beobachtende Entwicklung so charakterisiert wird: »Immer unverhohlener versuchen Diktaturen, autoritäre und populistische Regime, unabhängige Informationen um jeden Preis zu unterdrücken und ihre illiberale Weltsicht durchzusetzen.«[39] Die Funktionalität eines politischen Systems muss sich daran messen lassen, wie viel Information es generieren, zirkulieren und verarbeiten kann – und welche Qualität diese Information hat. Freiheit ist von dieser Information abhängig, denn Illusionen und Fehlinformationen sind nur eine andere Form von Abhängigkeit.

3. Als dritter Aspekt der Krise der Freiheit müssen mögliche Effekte der digitalen Transformation genannt werden. Das mag paradox erscheinen, denn die Digitalisierung hat nicht nur die Kommunikation – ein zentrales Medium der Freiheit – erheblich vereinfacht und flexibilisiert, sondern auch den Zugriff auf Informationen und Unterhaltungsmedien nicht weniger als revolutioniert. Dadurch haben sich unsere Wahlmöglichkeiten potenziert und unsere Freiheitsräume signifikant erweitert. Dennoch ist nach den ersten Wellen der Euphorie auch zunehmend Beunruhigung wahrnehmbar. Wird die Informationstechnologie auf lange Sicht ein Instrument im Dienst des Menschen sein? Oder wird der Mensch zum Bewohner eines sich Schritt für Schritt verselbständigenden Systems? Übernehmen wir zusehends die Eigenschaften des Mediums, dessen wir uns bedienen?

In ihrem 1966 erschienen Klassiker des Sozialkonstruktivismus stellten Berger und Luckmann fest: »Der Mensch ist paradoxerweise dazu fähig, eine Welt hervorzubringen, die ihn verleugnet«.[40] Sind wir dabei, diese Welt zu schaffen? Die Fortschritte in der Weiterentwicklung der künstlichen Intelligenz werden neue Möglichkeiten eröffnen, Entscheidungen und damit Spielräume menschlicher Freiheit an Maschinen zu delegieren. Irgendwann werden wir uns vielleicht daran gewöhnen müssen, dass Maschinen die besseren Entscheidungen treffen. Lernende Algorithmen generieren ihre Erkenntnisverfahren, indem sie Mengen von

Daten in einer Geschwindigkeit verarbeiten können, die das menschliche Vermögen exponentiell übersteigen. Das wird nicht nur eine Kränkung des emphatischen personalen Subjektbegriffs der Moderne mit sich bringen, sondern sich auch auf unsere tatsächlichen Freiheitsräume und damit unser Freiheitsverständnis auswirken. Das Bild des Menschen von sich selbst wird sich verändern, wenn sich die Potenz der von ihm geschaffenen Technologien im bisherigen Rhythmus weiterentwickelt.

Quo vadis?

Der Schwachpunkt der negativen Freiheit ist: Es reicht nicht aus, dass man in Ruhe gelassen wird. Man muss sich auch an der Herstellung der Bedingungen beteiligen, die diese Ruhe ermöglichen. Benjamin Constant muss man entgegenhalten, dass »der Zugang zum öffentlichen Bereich und die Beteiligung an den Regierungsgeschäften« zu diesen Bedingungen gehört.[41] Dies ist die präzise Antwort auf eine noch heute sehr aktuelle Frage, die schon Thomas Hobbes bewegte. Kann man auch in einer nicht-demokratischen Gesellschaft frei sein? Hobbes wollte diese Frage bejahen. Er sah die Möglichkeit, den Freiheitsraum des Individuums mit einem absolutistisch herrschenden Souverän zu verbinden und ergriff in der Auseinandersetzung des britischen Parlaments mit dem König die Partei des Monarchen. Hannah Arendt kommt zu einer anderen Schlussfolgerung:

»Diese öffentliche Freiheit ist eine handfeste lebensweltliche Realität, geschaffen von Menschen, um in der Öffentlichkeit gemeinsam Freude zu haben – um von anderen gesehen, gehört, erkannt und erinnert zu werden. Und diese Art von Freiheit erfordert Gleichheit, sie ist nur unter seinesgleichen möglich. Institutionell gesehen ist sie allein in einer Republik möglich, die keine Untertanen und, streng genommen, auch keine Herrscher kennt.«[42]

Dabei unterlässt es Arendt nicht, vor falsch motivierten politischen Ambitionen und damit vor einer bestimmten Form des Berufspolitikertums zu warnen. Politische Arbeit dürfe nicht aus einem Drang zur Erlangung von Macht, aus einem »Willen zur Macht« geschehen. Dieser Wille zerstöre das politische Leben.

Die Kultur der Freiheit ist eine politische Kultur, für die eine gleichberechtigte Wahrnehmung der gemeinsamen Verantwortung grundlegend ist. Quentin Skinner kommt in seiner einflussreichen Schrift *Liberty before Liberalism* zu demselben Ergebnis. Skinner rekonstruiert eine bis in die frühe Neuzeit wirksame römisch-republikanische Rechtstradition, in deren Verständnis die Abhängigkeit vom unberechenbaren Willen eines Herrschers auch dann mit Sklaverei gleichzusetzen ist, wenn man in einem solchen System relativ ungestört seinen privaten Interessen nachgehen kann. Es reicht nicht aus, den Leviathan, dem man sich in einer Art sozialem Kontrakt unterwirft, im Zweifelsfall durch einen Aufstand wieder absetzen zu können. Die echte republikanische Freiheit ist nicht mit einer Situation zu vereinbaren, in der eine Mitwirkung an der politischen Selbstbestimmung behindert wird und man der Willkür eines Monarchen, einer Einheitspartei oder einer politischen Elite ausgeliefert ist. Auch die negative Freiheit, das eigene Leben ohne willkürliche äußere Einschränkungen gestalten zu können, ist nur dann gewährleistet, wenn sie das Ergebnis echter politischer Selbstbestimmung ist.

Dieser liberale Republikanismus der politischen Teilhabe unterscheidet sich grundlegend von dem postliberalen konservativen Republikanismus, der von der prinzipiellen Unmündigkeit des Menschen ausgeht und daher klare gesellschaftliche Hierarchien, die Unterwerfung des Individuums unter die soziale Autorität, die Führung durch verantwortliche Eliten und einen verbindlichen Katalog von Werten und Tugenden fordert.

Es mag paradox erscheinen: Der strukturelle Elitismus, der dieses konservative Denken beflügelt, ist auch eine der zentralen Schwächen des ihm entgegengesetzten liberalen Konzepts. Hierauf hat insbesondere Domenico Losurdo hingewiesen. Es ist einer der fundamentalen Widersprüche des Liberalismus, dass seine grundsätzlich offene und kosmopolitische Perspektive so viele Ausgeschlossene in Kauf nimmt. Es scheint, als wäre der liberale Traum schon dann erfüllt, wenn die hinreichend smarten Individuen in die Lage versetzt wären, sich endgültig und vollständig der staatlichen Autorität zu entziehen und damit auch die zurückzulassen, denen gegenüber man sich möglicherweise zu sozialer Solidarität verpflichtet fühlen könnte. Eine solche Vision haben William Rees-Mogg, Vater des Politikers Jacob Rees-Mogg, und Dale Davidson 1997 in ihrem Buch *The Sovereign Individual. Mastering the Transition to the Information Age* entwickelt. Rees-Mogg war langjähriger Herausgeber der *Times* und *Life Peer* des britischen *House of Lords*. Kosmopolitisch trainierte, mit den Funktionalitäten einer globalen Ökonomie exklusiv vertraute Eliten könnten die dem Staat übertragene Souveränität wieder auf sich selbst zurücküberübertragen – das ist der programmatische Kern dieser Vision. Der Gesellschaftsvertrag würde einseitig aufgelöst. Im staatenlosen Raum der digitalen Informationstechnologien könnten sich die elitären

Netzwerke souveräner Individuen zu Parallelgesellschaften verbinden und dem autoritären und gierigen Zugriff der Staaten entgehen. Die Vision einer Emanzipation der liberalen und vermögenden Eliten vom Rest der Welt mutet an wie eine Wiederauferstehung des British Empire in transsubstantiierter, geradezu geisterhafter Form, erdacht in einem Londoner Clubsessel. Sie erledigt sich schon deshalb, weil das Internet längst nicht mehr der Raum der staatenlosen Freiheit ist, als den man es in seinen Anfängen wahrgenommen hat.

Das Prinzip der Freiheit wird nicht nur von außen bedroht. Es ist ebenso gefährdet durch die eigene Inkohärenz, wenn es sich als exklusives versteht und bei Freiheit zuerst, vielleicht sogar ausschließlich, an die Freiheit der Eliten denkt. Hier liegt der eigentliche Kern des Zusammenhangs von Kultur und Freiheit. Nur durch die intensive und unbehinderte kulturelle Exploration sind wir in der Lage, unsere gesellschaftlichen Valorisierungen umfassend emotional, intellektuell und historisch zu verarbeiten und damit unsere Freiheit auch auf die Widersprüche und Exklusionen zu richten, die wir mit dieser Freiheit generieren. Dieser kulturellen Exploration liegt das Verständnis von Kultur zugrunde, das in der Mexiko-Definition der UNESCO von 1982 insbesondere im zweiten Teil ausgeführt wird: Erst die Kultur versetzt uns in die Lage, »ein kritisches Urteilsvermögen und ein Gefühl der moralischen Verpflichtung« zu entwickeln. Durch Kultur drücken wir uns aus, werden unserer selbst bewusst, erkennen unsere Unvollkommenheit. Erst durch die Kultur erkennen wir Werte und treffen die Wahl. Es ist in der Kultur selbst angelegt, dass wir das durch sie Erreichte infrage stellen können und in die Lage versetzt werden, die Grenzen, die uns gesetzt sind, zu überschreiten.

Jede Kultur hat ihre Dämonen, ihre verdrängten Teilhaber. Gerade in einer Zeit der Umbrüche reicht es nicht aus, nach alten Gewissheiten zu greifen und die Tugendkataloge der Vergangenheit zu mobilisieren, um diesen Herausforderungen zu begegnen. Wir müssen die Entwicklungen, die aus unseren Gewissheiten hervorgegangen sind, unerschrocken und präzise betrachten und uns den Dämonen stellen, die wir nicht zuletzt mit unseren Tugenden gerufen haben. Dazu zählen heute, um nur drei zu nennen, die *Vielfalt*, die wir zu lange mit einem verengten Verständnis von kultureller Entwicklung bekämpft haben, ein wirklicher *Kosmopolitismus*, wie wir ihn in unserem exklusiven und kolonialistisch geprägten Zugriff auf das Weltganze bisher verfehlt haben, und ein tieferes Verständnis von *Nachhaltigkeit*, das aus den Konsequenzen unseres Umgangs mit der planetaren Biosphäre auf uns zukommt.

Dies ist die Perspektive der Erweiterung des zivilisatorischen Programms einer Kultur der Freiheit. Zugleich erodiert jedoch auch in der westlichen Welt das Vertrauen in diese Kultur, was man beispielhaft an der Debatte um den *Deep State* ablesen kann.[43] Ob wir auch in den liberalen Demokratien einer wuchernden Form staatlicher Autorität unterworfen werden, die unsere Freiheitsrechte untergräbt? Lloyd Green, ehemaliger Berater von George Bush Senior, kommt mit Blick auf den Weltfreiheitsindex von *Reporter ohne Grenzen* zu dem Schluss, dass »unsere Freiheit und unser Vertrauen unaufhörlich erodieren, und ein Ende nicht in Sicht ist«.[44]

Zu diesem Band

Mit den in diesem Band versammelten Beiträgen wird das Thema *Kultur und Freiheit* aus unterschiedlichen Perspektiven beleuchtet. Es war die Absicht der Herausgeber, verschiedene Themen und Positionen der Betrachtung zusammen zu bringen, um sowohl einzelne Aspekte als auch den größeren Horizont in den Blick zu rücken, der sich aus der Fragestellung ergibt. Wir sind überzeugt, dass die intellektuelle und politische Reflexion des Zusammenhangs von Kultur und Freiheit besondere Aufmerksamkeit erfordert. Sie ist nicht nur ein »klassisches Zentralproblem« der Politik, sondern unerlässlich für die Verständigung darüber, welche Entwicklung wir als Gesellschaften im größeren Horizont der gemeinsamen Weltzeit nehmen wollen.

Wir danken Mirjam Schneider für die redaktionelle Betreuung dieses Bandes und dem Steidl Verlag für die hervorragende Kooperation.

Die Fotos in diesem Band zeigen Arbeiten von Tape That aus Berlin, die sich der Kunst mit Klebeband verschrieben haben. Ihre Arbeiten erstrecken sich von minimalistischen schwarz-weiß Murals hin zu komplexen, farbenfrohen Licht- und Videoinstallationen. Tape erlaubt es, den Raum in das Kunstwerk einzubeziehen, was jedem Kunstwerk einen einzigartigen Charakter verleiht. Die Künstlerinnen und Künstler sind von der Idee fasziniert, aus einem alltäglichen Gegenstand, den die Meisten nicht weiter beachten, Kunst zu erschaffen. Sie tapen bei Ausstellungen, in Galerien, verlassenen Gebäuden, Clubs, Pop-Up Stores, Büros oder auch auf Events oder Messen.

Tape Art ist ausdrucksstark und konfrontiert uns mit Effekten, die unsere Wahrnehmung von Räumen unterbrechen und verfremden, sie in dieser Brechung aber zugleich mit der Energie unerwarteter Farben und Linien aufladen. Die Formensprache der Tape Art kann auch als ein Reflex des Themas Freiheit verstanden werden. Tape stellt Verbindungen her, zieht Grenzen und schafft Räume, die zugleich offen und abgeschlossen sind. Es verstärkt diese Wirkung durch starke farbliche und damit emotionale Bezüge. Tape kann in seiner materiellen Banalität die scheinbare Unausweichlichkeit unserer Alltagsorte aufbrechen. Es überblendet sie mit dem Licht einer transzendenten Struktur und wirft damit auch die entscheidende Frage der Freiheit auf: Warum sind die Dinge, wie sie sind? Dieser utopische Gebrauch des Materials erhält zusätzliche Kraft aus dem Umstand, dass mit Tape auch zu- und abgeklebt wird, was man verschwinden lassen will. Tape kann Bewegungen unterbinden und Münder zum Schweigen zwingen.

Die Künstlerinnen und Künstler arbeiten hauptsächlich von Berlin aus und wirken in Projekten weltweit, um Tape Art als Begriff und eigene Kunstform zu etablieren.

Roland Bernecker und Ronald Grätz

Literatur

Hannah Arendt: Die Freiheit, frei zu sein, München 2018.

Isaiah Berlin: Zwei Freiheitsbegriffe. In: Dtsch. Z. Philos., Berlin 41, 1993, 4, S. 741-775.

Peter Berger & Thomas Luckmann: Die gesellschaftliche Konstruktion der Wirklichkeit, Frankfurt am Main 2003.

Benjamin Constant: De la liberté des Anciens comparée à celle des Modernes. Discours prononcé à l'Athénée royal de Paris, 1819.

Dale Davidson & William Rees-Mogg: The Sovereign Individual. Mastering the Transition to the information Age, New York 1997.

Boris Groys: Topologie der Kunst, München und Wien 2003.

Axel Honneth: Das Recht der Freiheit, Frankfurt am Main 2013.

Domenico Losurdo: Liberalism. A Counter-History, London & New York 2014.

John Milbank & Adrian Probst: The Politics of Virtue. Post-Liberalism and the Human Future, London & New York 2016.

Helena Rosenblatt: The Lost History of Liberalism, Princeton 2018.

Amartya Sen: Development as Freedom, New York 1999.

Judith N. Shklar: Liberalismus der Furcht, Berlin 2013.

Quentin Skinner: Liberty before Liberalism, Cambridge 2012.

Peter Sloterdijk: Stress und Freiheit, Frankfurt am Main 2011.

Charles Taylor: Negative Freiheit? Zur Kritik des neuzeitlichen Individualismus, Frankfurt am Main 1988.

UNESCO: Our Creative Diversity. Report of the World Commission on Culture and Development, Oxford 1995.

Christian Welzel: Freedom Rising. Human Empowerment and the Quest for Emancipation, Cambridge 2013.

Anmerkungen

1 Skinner, S. 113.

2 Berlin, S. 741.

3 Berlin, S. 743.

4 Berlin, S. 743.

5 Berlin, S. 749.

6 Berlin, S. 750.

7 Vgl. Rosenblatt: The Lost History of Liberalism.

8 Constant, S. 6.

9 Constant, S. 2.

10 Constant, S. 6.

11 Constant, S. 12.

12 Constant, S. 13.

13 Henning Ritter zit. n. Philipp Felsch: Der lange Sommer der Theorie, München 2015, S. 210.

14 Berlin, S. 749.

15 Berlin, S. 750.

16 Berlin, S. 751.

17 Berlin, S. 762.

18 Taylor, S. 124.

19 Taylor, S. 125.

20 Taylor, S. 125.

21 Milbank und Pabst 2016.

22 Milbank und Pabst, S. 15.

23 Milbank und Pabst, S. 379.

24 Michel de Certeau: Kunst des Handelns, Berlin 2014.

25 Erklärung von Mexiko-City über Kultur-politik 1982 S. 1; https://www.unesco.de/sites/default/files/2018-03/1982_Er-kl%C3%A4rung_von_Mexiko.pdf

26 UNESCO, S. 15.

27 «Cultural freedom, by protecting alter-native ways of living, encourages ex-perimentation, diversity, imagination and creativity», UNESCO, S. 15.

28 UNESCO, S. 26.

29 Sen, S. 14.

30 Welzel, S. 408.

31 Judith N. Shklar: After Utopia – The Decline of Political Faith, Princeton 1957, S. 219.

32 John Gray: Why this crisis is a turning point in history. In: New Statesman, 1. April 2020 (https://www.newstatesman.com/internatio-nal/2020/04/why-crisis-turning-point-history).

33 Groys, S. 255.

34 Andreas Reckwitz: Die Gesellschaft der Singularitäten. Zum Strukturwan-del der Moderne, Berlin 2017.

35 Streß und Freiheit, Frankfurt am Main 2011.

36 Peter Sloterdijk, Interview im Rahmen des Global Thought Leader Index 2018 (zit. n. https://www.gdi.ch/de/publikationen/trend-updates/peter-sloterdijk-kulturen-leiden-am-gegeneinander-von-tradition-und).

37 Michel Foucault: Was ist Aufklärung, in: Ethos der Moderne: Foucaults Kritk der Aufklärung, Frankfurt am Main 1990, S. 50.

38 John Gray: Why this crisis is a turning point in history. In: New Statesman, 1. April 2020 (https://www.newstatesman.com/internatio-nal/2020/04/why-crisis-turning-point-history).

39 https://www.reporter-ohne-grenzen.de/rangliste/rangliste-2020/

40 Berger und Luckmann, S. 96.

41 Arendt, kindle location 106-107.

42 Arendt, kindle location 166-169.

43 Vgl. dazu David Rohde: In Deep, New York 2020.

44 The Guardian, »In Deep Review«, 26.4.2020. (https://www.theguardian.com/books/2020/apr/26/in-deep-state-review-david-rohde-do-nald-trump-intelligence-barack-obama).

Krise der Demokratie, Krise der Freiheit?

Von Jens Hacke

Die Fragilität der Demokratie wird gemeinhin anhand verschiedener, vermeintlich schwer auflösbarer Widersprüche illustriert. Zunächst besteht das sogenannte demokratische Paradoxon seit Platon darin, dass das Volk den Willen aufgeben kann, sich selbst zu regieren. Damit bleibt die Selbstabschaffung der Demokratie eine demokratische Option. Weiterhin stehen die soziomoralischen Grundlagen der Demokratie infrage, denn gemäß der sprichwörtlich gewordenen Böckenförde-Doktrin lebt der freiheitliche säkularisierte Staat (d.h. die liberale Demokratie) von Voraussetzungen, die er selbst nicht garantieren kann. Der ehemalige Verfassungsrichter Ernst-Wilhelm Böckenförde markierte deutlich, dass das Wagnis, die traditionalen Ordnungen hinter sich zu lassen und die moderne Staatlichkeit demokratisch zu begründen, um der Freiheit willen eingegangen worden ist. Dahinter steckt der Verdacht, dass der dominante moderne Freiheitsgedanke sich von stabilisierenden und verbindlichen Gemeinschaftsüberzeugungen, wie sie die Religion bereitstellte, abgelöst hat und von deren schwindender moralischer Substanz lebt, sie also verbraucht, ohne adäquaten Ersatz zu liefern.

Die gegenwärtig diagnostizierte Krise der Demokratie scheint diesen dilemmatischen Befunden wieder neue Aktualität zu verleihen. Gehäuft ist vom Zerfall, vom Ende oder vom Sterben der westlichen Demokratie die Rede, und schnell begreift man die Schwäche des Westens als selbstverschuldet. Unklar ist nur, woran es liegt. Elitenversagen, fehlende Standhaftigkeit, versäumte Einhegung sozialer Ungleichheit im globalisierten Kapitalismus, abnehmender Glaube an die Leistungs- und Steuerungsfähigkeit der Demokratie – damit sind eher Symptome als tiefere Ursachen der derzeitigen Situation benannt. Politikwissenschaftliche Bestandsaufnahmen überbieten sich darin, die Defekte und Dysfunktionalität des politischen Systems zu beschreiben und liefern beständig Hinweise auf die erodierenden Legitimitätsgrundlagen der Demokratie. Sie wird gern als ein Basis-Überbau-Konstrukt begriffen, in dem die Entfremdung von Regierenden und Regierten zur Frustration weiter Teile des Volkes führt. Ist die Parteiendemokratie nicht mehr fähig, die demokratische Willensbildung und das breite Spektrum der Interessen zu organisieren? Kann der Parlamentarismus die komplexen Anforderungen an modernes Regieren und politisches Entscheiden überhaupt noch bewältigen? Normativ steht dahinter der Gedanke, dass die Demokratie vertieft werden müsse. Aus der Perspektive der Governance-Forschung möchte man sie effizienter gestalten. Darin zeigen sich gegensätzliche Herangehensweisen.

Die radikale Demokratietheorie richtet ihre Aufmerksamkeit schließlich auf die Benachteiligten und Depravierten, die als protestierende Teile des Volkes ihren Anteil an der Demokratie wieder reklamieren. Die Krux einer solchen Deutung ist freilich, dass eine derart materialistisch oder auch identitätspolitisch aufgeladene Erklärung an der sozialen und kulturellen Wirklichkeit vorbeizugehen scheint. Allzu auffällig ist, dass sich der Zulauf populistischer Bewegungen, die sich antiliberal, antiparlamentarisch, antieuropäisch und nationalistisch gebärden, nicht allein aus ökonomischen und sozialen Krisenfaktoren erklären lässt. Der Erfolg des Populismus, der auf Autorität, kulturelle Homogenität und die Stigmatisierung der Gegner setzt, verweist auf fundamentale kulturelle Probleme, die in der liberalen Demokratie aufgetreten sind und sie in ihren Grundfesten erschüttern. Ganz offensichtlich ist eine Vielzahl von Menschen dazu bereit, das Freiheitsversprechen der liberalen Demokratie zugunsten eines identitären Zugehörigkeitsgefühls aufzugeben. Mit anderen Worten: Die Freiheit, einst die Antriebsfeder weltweiter Demokratisierungstendenzen, scheint als Motivationsressource für die Bürgerinnen und Bürger ihre Attraktivität eingebüßt zu haben. Womöglich wird sie gar als Überforderung empfunden. Das ist ein alarmierender Zustand. Es liegt nahe, diese Konjunkturflaute des Freiheitsgedankens als Sinnkrise zu verstehen.

Ansprüche an die Freiheit

Das Nachdenken über die Demokratie bleibt auf unterschiedliche Weise mit Freiheit verbunden – mit dem Akzent auf freie Selbstbestimmung einer politischen Gemeinschaft, die damit souverän über ihre eigenen Belange entscheidet, oder mit der Fokussierung auf die Freiheit des Einzelnen, die sowohl den Schutz vor staatlichen Eingriffen als auch die Möglichkeit freier Selbstentfaltung, Meinungsäußerung und Lebensgestaltung umgreift. Unabhängig davon, wie wir Freiheit auffassen, handelt es sich dabei um einen Erwartungsbegriff, der in der Demokratie stets auf das normative Regulativ der Gleichheit und der Gerechtigkeit bezogen ist. Freiheit findet also weder Erfüllung in einer wie auch immer gedachten Volkssouveränität (die bereits Hans Kelsen als Fiktion entlarvt hat und die es laut Jürgen Habermas nur im Plural gibt) noch in wie auch immer gedachten individuellen Unabhängigkeiten.

In Wahrheit ändern sich unsere Ansprüche an Freiheit ständig. Sie werden komplexer, denn Freiheit muss auf unsere gemeinsam geteilte politische Welt bezogen bleiben. Wenn sie gleiche Lebenschancen für alle Bürgerinnen und Bürger eröffnen soll, beinhaltet Freiheit soziale, ökonomische und ökologische Dimensionen. Ihr wesentliches Kriterium besteht darin, dass sie in eine demokratische Kultur eingebettet bleibt. Bereits Alexis de Tocqueville hat in seiner Analyse der Demokratie in Amerika unseren Blick dafür geschärft, Demokratie nicht allein als Verfassungsordnung zu begreifen, sondern als besondere Lebensform, die sich in Sitten und in einem gemeinschaftlichen Ethos ausprägt. Darin lag für Tocqueville ein genuines Element der Stärke, das sie anderen politischen Ordnungen überlegen machte. Mit Tocqueville lässt sich das eingangs erwähnte Diktum Böckenfördes korrigieren: Sofern der freiheitliche säkularisierte Staat die Lebensformen und Sitten der Demokratie aktiv fördert, ist es ihm auch möglich, seine sozialmoralischen Grundlagen zu revitalisieren. Das hat übrigens auch der als Positivist und Relativist angefeindete große Theoretiker der Demokratie, Hans Kelsen, gewusst. Zwar sprach er davon, dass sich der tatsächliche Akt demokratischer Selbstaufgabe rechtlich nicht verhindern lasse, wenn sich eben eine Mehrheit gegen die Demokratie bildet – daran haben die Vordenker der »wehrhaften Demokratie« Anstoß genommen. Aber Kelsen betonte gleichwohl, dass die wichtigste Aufgabe des demokratischen Staates in der Förderung der politischen Erziehung liege, um präventiv vor antidemokratischem Ungeist zu schützen. Kelsen verband mit der Demokratie zentrale kulturelle Werte: die Achtung der Menschenrechte, den Schutz von Minderheiten, die Sicherung und Förderung des sozialen Friedens, Relativismus der Weltanschauung, d.h. Pluralität und Toleranz. Er zeigte damit auch an, dass die Demokratie weitaus mehr ist als eine Regierungsform. Sie ist eben nur möglich als liberale Demokratie, ein voraussetzungsvolles und historisch relativ junges Kompositum.

Die Vermittlung und die Praxis dieser essenziellen Werte können freilich nicht allein in die Zuständigkeit von Bildungsinstitutionen delegiert werden. Sie müssen ihren festen Platz in der demokratischen Öffentlichkeit finden. Der Verdacht liegt nahe, dass der öffentliche Raum und die Kultur insgesamt in den westlichen Demokratien nicht pfleglich genug behandelt worden sind. Die vielfach beklagte Ökonomisierung der Lebensbereiche (die übrigens in eminenter Weise die Schulen und Hochschulen betrifft), die vermeintliche Alternativlosigkeit von Sparzwängen und die allgemeine Vernachlässigung öffentlicher Einrichtungen haben Spuren hinterlassen. Wenn Freibäder und Bücherhallen geschlossen, die Budgets von Theatern, Museen und Opernhäusern gekürzt und die öffentlichen Plätze geringgeschätzt werden, dann offenbart dies eine Krise des Gemeinwohls. Die Reduktion des demokratischen Anspruchs auf ökonomische Leistungsfähigkeit und Wachstum missachtet eben jene Bestandsvoraussetzungen der Demokratie, von denen eingangs die Rede war.

Demokratien setzen ein komplexes Freiheitsverständnis voraus. Wenn die Freiheit zum einen ganz basal in der Vermeidung von Grausamkeit und in der Sicherung eines privaten Raumes besteht, benötigt sie zum anderen Phantasie, das Denken in Alternativen und die gelebte Sehnsucht nach Selbstverbesserung, gesellschaftlichem und moralischem Fortschritt. Kultur und Kunst pflegen den Imaginationsraum der Freiheit, ohne sich in einer dienenden Funktion zu erschöpfen. Denn sie kann nicht nur das gut Gemeinte fördern, sondern ist auch das auf das Provokante, Skeptische und Kritische angewiesen. Natürlich gibt es keine genuin demokratische Kunst, aber es gibt eine demokratische Kultur, die gleiche Partizipations- und Lebenschancen gewährt, gegenseitige Achtung und Umgangsformen schützt und Pluralität lebt.

Mit Hannah Arendt lässt sich konstatieren, dass die Freiheit bereits in der Möglichkeit des politischen Handelns liegt, also nicht allein auf einen künftigen Zustand verweist. Wir sollten die Demokratie deshalb als einzig mögliche Kultur der Freiheit begreifen. Sie kommt in unserer täglichen Praxis, in der Wertschätzung des Gemeinsamen und in der respektvollen Begegnung mit Pluralität zum Ausdruck. »Frei sein können Menschen nur in Bezug aufeinander, also nur im Bereich des Politischen und des Handelns«, wusste Hannah Arendt, »nur dort erfahren sie, was Freiheit positiv ist und daß sie mehr ist als ein Nicht-gezwungen-Werden.« Wer den Sinn demokratischer Politik negiert, der ist kein Fürsprecher der liberalen Demokratie. Wenn man an diesen Umstand erinnert, dann heißt dies auch, dass die geistige und materielle Investition in diese Kultur der Freiheit wichtiger ist, als der Versuch, sich auf die destruktiven Affekte der Demokratiefeinde einzulassen.

城市裡的光
阿怖．賴格形
2019
膠帶．木板

City Lights
Abu Hamza
2019
Various tapes on wood

Die Stadt - Heimat aller Minderheiten

Von Wolfgang Kaschuba

Trotz all der aktuellen rechtspopulistischen Beschwörungen war und ist Migration keineswegs die Mutter all unserer Probleme. Migration ist vielmehr die Mutter von Gesellschaft! Für diese Erkenntnis stehen die Geschichte wie die Gegenwart unserer Städte. Denn sie entwickelten sich in der Neuzeit dynamisch und nachhaltig erst durch die permanente Zuwanderung von neuen Menschen, von neuen Ideen und von neuen Waren, also durch Migration und Markt. Deshalb charakterisierte Max Weber die moderne Stadt bereits vor 100 Jahren als den »Ort der Zusammengesiedelten« – eben nicht mehr nur der Einheimischen und der Hineingeborenen. Wegen dieser ständigen Vermischung und Prozesshaftigkeit von Wirtschaft, Gesellschaft und Kultur sah er in der Stadt den zentralen gesellschaftlichen »Raum des Aufstiegs aus der Unfreiheit in die Freiheit«. Erst hier, in der städtischen Bürger-Gesellschaft, könne sich daher tatsächlich »Weltfreude«, wie er es nennt, entwickeln: also urbane Mentalität im Sinne von Vielfalt und Respekt, von Toleranz und Freiheit, von Gemeinwohl und Verantwortung.

Fluchtpunkt Stadt

Damit zeichnet er in seine Bilder der modernen Stadtkultur zugleich eine spezifische Eigenschaft ein, die wir oft vergessen, weil sie uns längst selbstverständlich ist: die große Stadt als Fluchtpunkt und als Heimat sozialer Minderheiten. Denn zivilisationsgeschichtlich betrachtet verkörpert der urbane Raum auch jenen Ort, an dem sich Minoritäten überhaupt als soziale Gruppe formieren und organisieren können. Nur hier erreichen sie jene Größe der »kritischen Masse«, die es ihnen ermöglicht, eigene und abweichende Lebensstile öffentlich zu demonstrieren und zu etablieren. Nur hier können sie eigene kulturelle Ausdrucksformen entwickeln, in denen sie sich mit einer eigenen Identität wiederfinden, in denen sie sich politisch emanzipieren und vor allem: in denen sie ihre Rechts- und Lebenssituation für legitim erklären können. Die Stadt stärkt und ermächtigt sie in ihrer eigenen Würde!

Insofern ist die moderne Stadt ebenso der Geburtsort minoritärer Gruppen und Kulturen, wie diese Minderheiten umgekehrt die Stadtkultur entscheidend mitprägen. Dies ist das große kulturelle Erbe der modernen Stadt! Und dies gilt in unterschiedlichen Zeiten und in verschiedensten Kontexten: für Arbeiterkulturen wie Migrantengruppen, für jüdische Gemeinden wie Frauengruppen, für Protestbewegungen wie Schwulenszenen, für künstlerische Subkulturen wie ökologische Initiativen. Ihre anderen Werte und Ideen, ihre eigensinnigen Praktiken und Rituale, ihrer literarischen und musikalischen Manifestationen, ihre körperpolitischen wie partnerschaftlichen Performanzen prägen die Stadtkultur heute also einerseits längst mehr und nachhaltiger als viele einheimische Traditionen à la »Mir san mir« in Bayern oder »America first« in den USA.

Andererseits jedoch stehen sie heute aber auch mehr denn je in Gefahr, von rechten Gedanken und populistischen Bewegungen infrage gestellt, ja: zerstört zu werden. Denn an diesem Konflikt wird auch die Kehrseite dieser urbanen Karriere gut sichtbar: Was *wir* als neue Diversität der Stadtgesellschaft loben und als kosmopolitische Stadtkultur feiern, also die Stadt als Ort der gegenseitigen Akzeptanz und Toleranz von Mehrheiten und Minderheiten, von alten und neuen Einheimischen wie von alten und neuen Migranten – das scheint für *andere* ganz im Gegenteil ein rotes Tuch zu sein. Dies meint etwa Alexander Gaulands Formulierung von den »globalen Klassen« und den »heimatlosen Eliten«: Er zielt damit natürlich auf uns: auf die angeblich »volksfremden Kosmopoliten«.

Denn die Politik der Rechten – von Gauland über Orban bis Trump – ist systematisch auf die Bekämpfung dieser besonderen Beheimatungsqualität der großen Städte ausgerichtet. Es ist in der Tat die urbane Vielfalt und kulturelle Freiheit, die von ihnen bedroht und angegriffen wird: wenn öffentliche Diskussionen, öffentliche Räume, öffentliche Einrichtungen infrage gestellt werden; wenn aktuell in zahllosen Stadträten wie in den Landesparlamenten und im Bundestag jene Politik der »Kleinen Anfrage« eingesetzt wird, wie im Falle des Kinder- und Jugendtheaters in Rostock, wo die AfD im Stadtrat um detaillierte Auskunft darüber bat, welchem Konzept dieses Theater folge, wie seine Finanzierung aussehe und ob es überhaupt benötigt werde. Eine fast wortgleiche Anfrage liegt für das Deutsche Theater in Berlin vor und mittlerweile für Hunderte Jugendclubs und Flüchtlingsinitiativen, Museen und Kulturinstitute.

Es ist eine systematische Kampagne von rechts, die sich pseudo-demokratischer und para-parlamentarischer Mittel bedient, um Irritation und Spaltung in lokale Gesellschaften hineinzutragen: Diese Einrichtungen seien »parteiisch«, sie betrieben »Meinungskultur« und dürften daher nicht weiter durch den öffentlichen Haushalt bedacht werden. Damit geraten Kultureinrichtungen und städtische Gruppen wie migrantische Minderheiten jedoch automatisch in eine defensive Position. Weil Politik und Medien oft nicht wirklich begreifen, dass es hier nicht einfach nur um langweilige Routinen und Fragerituale geht, sondern um perfide Versuche der systematischen Diskreditierung und der De-Legitimierung öffentlicher Einrichtungen. Weil sich Stadträte und Lokalzeitungen deshalb oft nicht aktiv und offensiv vor diese Einrichtungen stellen, sondern erst einmal passiv abwarten.

Die Rache der Dörfer?

Die Rechtspopulisten sehen in den westlichen Gesellschaften eine soziale Spaltung fortschreiten, die kausal mit dem Aufstieg der urbanen Minderheiten und der 68er-Bewegungen verbunden seien: Durch deren Anti-Autoritarismus, Anti-Nationalismus und Pluralismus hätten sich einerseits erst all die »undeutschen« Protest- und Ökoinitiativen, Frauen- und Schwulenbewegungen etablieren können, um dann andererseits der verstärkten Zuwanderung der fremden »Gastarbeiter«, Migranten und Flüchtlinge den Weg zu öffnen. All dies zusammen habe zu einer schleichenden kulturellen und mentalen »Überfremdung« unserer Gesellschaften geführt, zu einer regelrechten »Umvolkung«. Deshalb suggerieren die Rechten vor allem den Angehörigen der älteren Generationen und den eher ländlich-kleinstädtischen sozialen Milieus, dass sie von all dem Fremden und den Fremden überrannt würden, dass sie deshalb zu den Vergessenen und Vernachlässigten gehörten.

Vor wenigen Wochen erst hat sich die Jugendorganisation der österreichischen FPÖ in einem Jahreskalender an die »bio-österreichischen« Jugendlichen gewandt. Sie warnten:

»Ihr seid die erste Generation, die um ihre eigene Heimat und Identität kämpfen muss. (...) Zur Jugendzeit Eurer Eltern und Großeltern war Österreich noch weitgehend friedlich, sauber und wohlhabend. (...) Frauen konnten nachts problemlos durch jeden Park gehen. (...) Unsere Sprache, Kultur und Lebensweise war eine Selbstverständlichkeit.«

Bis eben die »fremden Invasoren« kamen: Migranten und Flüchtlinge, Schwule und Linke.

Dies ist natürlich eine groteske Umkehrung der Realität, in der viele Jugendlichen vor dem Druck ländlicher Konvention und familiärer Hierarchie in die Städte als den Orten beruflicher, kultureller und sexueller Freiheit fliehen. Diese Flucht aus der Heimat wird nun hetzerisch in eine Verdrängung durch die Fremden umgedeutet. So wird in hysterischem Grundton »Bedrohung« inszeniert und »Besorgnis« geschürt, um sich selbst als Retter der Unterdrückten inszenieren zu können. Diese Parolen finden längst auch in einer bürgerlichen Mitte Resonanz, die ihre eigenen Kinder an die Großstädte und an die Minderheiten verloren zu haben glaubt, weil diese dort eigenen und anderen Lebensentwürfen folgen können als denjenigen der Elterngeneration.

In solch reaktionären Positionen formt sich also eine Koalition der Gestrigen, die sich gegen das Heute richtet. Und dieses Heute verkörpern die Städte und die Minderheiten, die nun ihrerseits bekämpft werden müssen. So klingt es wie eine späte Rache der Dörfer: »Ihr habt uns die alte Ordnung genommen: unsere heile Welt der Dorffeste und Vereinsabende, der braven Frauen und folgsamen Kinder! Dafür nehmen wir Euch nun eure urbanen Freiheiten!«

Hier geht es also keineswegs nur um Nostalgie und Folklore, sondern grundsätzlich um Freiheit: um die individuellen Freiheiten als Chance wie als Risiko. Denn die Rechte betreibt ihre Politik der Ausgrenzung auch als eine Politik der moralischen Disqualifizierung und der sozialen Beschämung. Wenn Flüchtlinge als »Asyltouristen«, wenn alleinerziehende Mütter als »Sozialfälle«, wenn ganze Städte als »Kriegsgebiete« diskriminiert werden, dann sollen damit individuelle Selbstbilder wie Gruppenidentitäten irritiert und die moralisch-ethischen Fundamente einer offenen Gesellschaft zerstört werden. Deshalb ist meine Formulierung von der »Rache der Dörfer« natürlich nur eine Metapher, keineswegs ein diagnostischer oder analytischer Befund. Sie verweist jedoch immerhin auf den Kern des Konflikts: auf die zwei völlig konträren Gesellschaftsentwürfe einer entweder offenen oder geschlossenen Heimatidee. Und dieser Konflikt wird heute politisch primär mit Blick auf Mobilität und Migration ausgetragen.

Das zeigt sich auch im Feld der deutschen wie der europäischen Binnenmigration. Dort zeichnet sich eine dramatische Tendenz ab zum Brain-Drain wie zum Youth-Drain: zur massenhaften Abwanderung von jungen und gut ausgebildeten Erwachsenen – vor allem jungen Frauen – aus ländlichen Regionen in die Städte. Und dies aus guten Gründen, denn die Strukturschwäche des Landes – vom Bildungssystem bis zur Berufsausbildung, von den Jobs bis zu den Löhnen, von der starren Sozialstruktur bis zur kulturellen Traditionalität – macht die Städte mit ihren besseren Möglichkeiten in Ausbildung und Beruf wie mit ihrer größeren Freiheit im Blick auf Lebensstile und Lebensentwürfe zwangsläufig zum Fluchtpunkt und Sehnsuchtsort. Von der Musik bis zur Mode, vom Konsum bis zum Geschmack, von Sport bis Sexualität, von Esskultur bis Event verspricht das urbane Leben mehr individuelle Identität und Autonomie.

Damit jedoch verlieren die Dorfgesellschaften ihre jungen und veränderungswilligen Potenziale – quasi ihre »eigenen Fremden«, um Georg Simmel zu variieren. Deren Abwanderung bedeutet vor Ort deutlich weniger Zivilgesellschaft und deutlich mehr konservative Politik. Vor allem der damit verbundene Mentalitätswandel ist tatsächlich dramatisch: etwa in Sachsen, das seit 1990 rund eine Million vor allem junger Menschen verloren hat; oder in Ungarn, wo 800.000 junge Erwachsene in den letzten Jahren nach Westen gezogen sind; oder in Polen, aus dem fast drei Millionen junge Frauen und Männer nach Deutschland und England gingen. So ergibt sich in den letzten Jahren durch die Binnenmigration der Jungen in die Städte und in den Westen eine dramatische »Konservativierung« des Landes: Die Jugend flieht aus der Heimat in die Fremde, weil die Stadt-Freiheit dem Dorf-Ghetto vorgezogen wird. Daheim jedoch scheint nun das katholische Dorf gleichsam über Warschau zu dominieren und die Puszta über Budapest.

Beheimatung in Lebensstilen?

Ähnlich metaphernhaft bleibt natürlich zunächst der Hinweis auf einen Generationenkonflikt. Ohne klare Befunde scheinen mir dennoch einige Rückschlüsse auf den Wandel in der gesellschaftlichen Meinungsbildung und der politischen Kultur der letzten Jahre möglich. Denn insbesondere die jüngeren Generationen ignorieren und boykottieren mittlerweile die meisten herkömmlichen Politikformate – vom milieubezogenen Wahlverhalten und der familiären Parteimitgliedschaft bis zum ZEIT-Dossier und zum TV-Polittalk. Das macht sie mitunter gewiss auch buchstäblich ignorant, damit jedoch keineswegs auch unpolitisch. Denn sie orientieren sich in ihren eigenen Lebensentwürfen wie ihren Diskursen gleichzeitig sehr wohl an übergreifenden Werten und Vorstellungen: etwa an denen einer offenen Gesellschaft und Welt, einer unbegrenzten Mobilität und Teilhabe, einer persönlichen Autonomie und Freiheit. Weil diese Werte längst reale, nicht mehr nur diskursive Bedingungen ihrer eigenen Lebensführung und ihrer Lebensentwürfe sind: ihrer vielen kleinen »Migrationen« vor allem in die großen Städte wegen Ausbildung und Job, wegen Liebe und Freundschaft. Und dort formen sie ihre sozialen Netzwerke der Zukunft statt der Herkunft sowie ihre empathische Einstellungen zur sozialen und kulturellen Vielfalt im urbanen Alltag – meist Lebensformen der Konvergenz statt der Differenz!

Damit dominieren in ihren Vorstellungen auch Bilder einer eher fluiden als festen Welt, also auch einer Gesellschaft, die gemischt statt getrennt, die kosmopolitisch statt einheimisch daherkommt. Auch wenn das manchmal mehr Stress im städtischen Alltag bedeutet und fast immer höhere Mieten. Und natürlich bleibt solch ein Lebensentwurf angesichts fehlender individueller wie familiärer Ressourcen für viele zunächst eher eine Utopie. Dennoch ist es oft eine durchaus wirkungsmächtige und konkrete Utopie, wie sich jüngst bei einer Umfrage unter Berliner Jugendlichen mit migrantischem Hintergrund zeigte. Gefragt nach ihrem persönlichen Wohntraum nannten diese in der weit überwiegenden Mehrheit: Maisonette-Wohnung mit Dachterrasse mitten in der City! Also kein Wohnen in ländlicher Familienidylle und Naturnähe, sondern tatsächlich in *dem* baulichen Prototypen urbaner Lebensstile und individueller Freiheit!

Wenn also nicht alle Anzeichen täuschen, dann steht diese Idee wachsender Individualität und Autonomie oft in enger Korrespondenz mit Vorstellungen von politischer Teilhabe und sozialer Verantwortung. Etwa im Sinne neuer Formen von »Kommunitarismus« und »Konvivialität«, deren Ideen junge Erwachsene von der Sozialpolitik über die Zivilgesellschaft bis in die Ökologie hinein beschäftigen. Oder auch im Blick auf die wachsende Bedeutung von Nachbarschaften und Quartieren im zivilgesellschaftlichen Leben der Städte, durch die neue urbane Kontaktformen und Kontaktzonen aufgebaut werden und die nun die Stadtlandschaft wie die Stadtgesellschaft als gemeinsame Ressource definieren: als Heimat.

In diesen Stadtgesellschaften vor allem meinen »Kultur« und »Identität« damit also auch nicht mehr primär ethnisch-nationale Zuschreibungen, sondern markieren vielmehr jenes weite Feld der Lebensentwürfe und der Lebensstile, wie es die urbanen Lebenswelten der späten Moderne prägte. Und wie es dem Individuum dort in seinen unterschiedlichen Lebensabschnitten auch unterschiedliche Formen von Autonomie wie von Bindung ermöglichte. Dies meint eben: Idee und Ethos einer urbanen Gesellschaft, wie sie in den Lebensentwürfen einer jungen, post-traditionalen und post-nationalen Generation längst dominiert.

Damit jedoch – und darauf kommt es mir hier an – stehen dem rechten Zerrbild von der bedrohten eigenen »völkischen« Kultur nicht primär die Geflüchteten und Migranten als die bedrohlichen »Fremden« gegenüber. Vielmehr sind es mindestens ebenso sehr die »fremden Eigenen«, also die städtischen Räume und die jüngeren Generationen, oft eben auch die eigenen Kinder, die nunmehr »anders« leben. Und die damit eben auch die »Erbschaft der Eltern« in sozialer wie kultureller, in ethnischer wie religiöser Hinsicht oft nicht mehr antreten wollen, die aber stattdessen für uns alle – hoffentlich! – ein anderes »kulturelles Erbe« leben und sichern: die Freiheit der Städte!

Kunst der Freiheit

Von Tobias J. Knoblich

Die Rede von Kultur und Freiheit begegnet uns bei aller Aktualität als ein altes, philosophisch aufgeladenes Motiv, das immer wieder verhandelt wird. »Freiheit ist ein Moment im sozialen Kontext des menschlichen Daseins«, schreibt Volker Gerhardt (2006, S. 71), und stellt damit fest, dass es stets darum geht, wie stark das Individuum sich selbst verwirklichen kann. Freiheit ist relativ. Gesellschaft flankiert und limitiert Freiheit, weil es Notwendigkeiten im kollektiven Leben gibt, die uns einschränken – oder Herrschaftsverhältnisse, die personale Entfaltung schlicht vereiteln. Gesellschaft fordert also dem Individuum um ihrer selbst willen und je nach politischem System etwas ab. Aber sie kann wiederum auch spezielle Räume oder Sphären schaffen, in denen Freiheit zur besonderen Norm erhoben wird, um der Gesellschaft Einsichten, bestimmten Akteuren spezifische Entfaltungsgrade zu erlauben, Möglichkeitsräume zu eröffnen. Hierzu gehören in unserer freiheitlich-demokratischen Grundordnung Kunst und Kultur (gemäß Art. 5 GG), oft synonym gebraucht. Ihre Freiheit und die Qualität gesellschaftlicher Selbstreflexion hängen eng miteinander zusammen. Was Freiheit in einer Gesellschaft bedeutet, ist also eine komplexe Frage.

Die Kunst ist im philosophischen Sinne zunächst deshalb frei, weil sie einen eigenen Wahrheitsanspruch reklamiert, sich ihre Gesetze selbst gibt. Dieser heutige gesellschaftspolitische Konsens hat seine Vorgeschichte in der Entstehung der Autonomieästhetik im 18. Jahrhundert: Kunst musste sich als unabhängige Wertsphäre erst etablieren, eine politische Öffentlichkeit musste entstehen und letztlich auch ein Markt. Im Grunde ist es die Verbürgerlichung der Künste, die maßgeblich die Vorbedingung unserer heutigen, sehr stark durch die öffentliche Hand getragenen oder geförderten Kulturlandschaft darstellt. Die Individualisierung der Menschen und die Ästhetisierung des Lebens verliefen dabei parallel mit der Individualisierung des Künstlers und der Pluralisierung der Kunst (vgl. Nipperdey 1988). Auch ging die Kulturnation der Staatsnation voraus; Kultur blieb in Deutschland lange ein Sehnsuchtsbegriff der Einheit und Emanzipation, sie war folglich Politikersatz. Das hat die symbolische Funktion der Kultur und ihre Bedeutung als Identitätsstifter oder Agens freiheitlichen Denkens entscheidend geprägt. Diese Formierungsgeschichte beeinflusst unsere heutige Kulturpolitik und ihre Institutionen, und sie findet Verstärkung in der Freiheit, die uns die Demokratie als Regierungsform einräumt: In ihr können wir uns selbst und die Gesellschaft verändern, verbessern, fortentwickeln. Demokratie erfordert geradezu eine »Kunst der Freiheit« (vgl. Rebentisch 2019), um ausgestaltet zu werden. Kunst und Kultur bieten hierfür ideale Entfaltungs- und Erprobungsräume, und zwar als »Freiheit vom Sozialen im Sozialen« (Menke 2013, S.14). Die ästhetische Freiheit ist ein erweiterter Freiheitsraum innerhalb einer Kultur der Freiheit, »sie ist als Freiheit des Spiels Freiheit vom Gesetz, von der Normativität« (ebd. S.155). Das ist ein hohes zivilisatorisches Gut im Vergleich zu Zeiten, da der Künstler Handlanger einer Repräsentationsästhetik oder Erfüllungsgehilfe einer Kunstdoktrin war, zumal in unserer Gesellschaft Kultur ohne normative Vorgaben von Staat und Kommunen umfassend gefördert und nicht lediglich toleriert wird.

Jeder Mensch ein Künstler

Wie diese Freiheit nun auszugestalten sei, hängt auch vom Entwicklungsgrad der Kulturpolitik ab. Zunächst: »Autonomie der Kunst ist eine Kategorie der bürgerlichen Gesellschaft« (Bürger 1974, S. 63), und als solche wurde sie immer wieder der Ambivalenz bezichtigt, wegen dieser Art bürgerlicher Freiheit auch abgehoben zu sein, losgelöst von der alltäglichen Lebenspraxis. Denn Kunst war lange elitär – also nur für bestimmte Trägerschichten mit spezifischen Bildungspräferenzen gedacht – und gesellschaftspolitisch folgenlos. Diese schon von der historischen Avantgarde kritisierte Tendenz, die Herbert Marcuse später als »affirmativ«, also die bestehenden Verhältnisse bejahend, bezeichnete (Marcuse 1965, S. 56 ff.), hat ganz maßgeblich jene beschäftigt, die im Gefolge der »Kulturrevolution« um 1968 für ein breiteres, gesellschaftspolitisch aufgeladenes Kulturverständnis eintraten. Dabei ging es nicht darum, die gewonnene Freiheit der Kunst einzuschränken, sondern ihre idealistische, gleichsam eskapistische Grundierung zu beseitigen, ihr Wirkung in die Gesellschaft hinein nicht nur zuzubilligen, sondern diese geradezu abzufordern. Und es ging darum, Kultur tatsächlich zu demokratisieren, also für alle Menschen zu erschließen. Es ist kein Zufall, dass in jener Zeit überhaupt erst aktiv von »Kulturpolitik« gesprochen wurde, ein Begriff, der den Deutschen eingedenk der ideologischen Vereinnahmungen in der Zeit des Nationalsozialismus lange sehr schwer über die Lippen kam (vgl. Ischreyt 1964). Freiheit in der Kultur nicht nur zu gewähren, sondern diese Freiheit auch produktiv und gesellschaftsverändernd zu nutzen, ist in Deutschland also keine Selbstverständlichkeit, das Thema hat eine voraussetzungsreiche Geschichte.

Eine wichtige Rolle im Wandel der Erwartungshaltungen im Kulturbereich spielt die in den 1970er-Jahren aufkommende Rede von Soziokultur. Wenn Beuys proklamiert hat, jeder Mensch sei ein Künstler, wird mit Soziokultur nun die Öffnung des Kulturbetriebs für einen weiten Kulturbegriff betrieben. Dabei geht es um Menschen, Themen und Methoden: Möglichst alle sollen teilhaben und teilnehmen (»Kultur für alle und von allen«), Kultur solle nicht auf Kunst reduziert, sondern auf alle gesellschaftlich relevanten Felder erweitert, pluralisiert, als Instrument von Kritik und Kommunikation verstanden werden, und es sollen Formen der Partizipation und Selbstbetätigung gefunden werden, auch jenseits etablierter Modi der Aneignung von Kunst. Das bedeutete ganz klar eine Re-Politisierung der Kultur, freilich unter demokratischen Auspizien. In der frühesten und wohl wichtigsten Programmschrift der Soziokultur heißt es dazu: »Die Selbstbestimmung des Individuums durch Mitbestimmung in und an der Gemeinschaft ist in den Spielräumen der Kultur einzuüben. Die Konditionierung im Spielraum bereitet für den Ernstfall vor. Kulturpolitik vermittelt in diesem Sinne Partizipationstraining.« (Glaser/Stahl 1974, S. 141) Gemeint ist, einen mündigen, an aktiver Gestaltung seiner Lebenswelt interessierten und dazu befähigten »Kulturbürger« herauszubilden, der das emanzipatorische Potenzial der Kreativität nutzt – und für den sich Kultur nicht mit einer »Weihestunde des Geistes« im Theater erschöpft. Freiheit der Kunst wird hier zu erlebter Freiheit persönlicher Emanzipation, Kultur mithin zum »Lebensmittel«. Voraussetzung dafür war ein in die Lebenswelt hinein entgrenzter Kulturbegriff, dessen internationale Durchsetzung maßgeblich die UNESCO betrieben hatte. Aber es mussten auch Orte erschlossen werden, die nah an der Lebenswelt der Menschen wirkten und durchlässig ins Gemeinwesen waren, jenseits der etablierten Kultureinrichtungen. Selbstorganisation war daher ein wichtiges Stichwort der Gründungszeit, deutschlandweit entstanden zahlreiche soziokulturelle Zentren und Initiativen in Selbstverwaltung, getragen von der Zivilgesellschaft. Eine vielfältige freie Kulturszene prägt heute unser Land und eröffnet Freiheitsräume, trägt Eigenverantwortung und demokratische Kultur mit ganz unterschiedlicher Programmatik – und ist gesellschaftspolitisch wach, arbeitet dicht an den Gestaltungsbedürfnissen der Menschen aller Altersgruppen, von der Geschichtswerkstatt bis zum freien Theater, von der Bundesarbeitsgemeinschaft der Spielmobile bis zu den Landesarbeitsgemeinschaften Soziokultur (vgl. weiterführend Knoblich 2018).

Freiheit hat in Deutschland also auch kulturpolitisch große Konjunktur und prägte die Debatten und Institutionalisierungen der letzten Jahrzehnte erheblich, insbesondere in der bürgernahen Kulturarbeit, die neue Räume zur Erfahrung von Selbstwirksamkeit schuf. Das hat unsere Gesellschaft, unsere demokratische Verfasstheit robuster gemacht, Kultur vielfältiger und für viele Menschen interessant. Allerdings werden jene, die sich mit ihren Projekten, Theateraufführungen oder Konzerten explizit zu politischen oder tagesaktuellen Themen positionieren, verstärkt von rechts angegriffen, mit einem völlig ahistorischen Neutralitätsgebot belegt oder mit Versatzstücken einer nationalen Kulturpolitik konfrontiert, die sich gegen die offene, tolerante, von Migration geprägte Gesellschaft richtet und kosmopolitische Haltungen als Verderben Deutschlands geißelt. Hier spreche ich explizit die »Alternative für Deutschland« an, die in ihrem Grundsatzprogramm einerseits erklärt, bürgerschaftliche Kulturinitiativen stärken zu wollen, andererseits aber eine deutsche Leitkultur proklamiert, die sich gegen kulturelle Pluralität richtet, als seien Interkulturalität und Diversität nicht die Basis sehr vieler bürgernaher Praxisformen, gerade jener, die den kulturellen Wandel und die Öffnung Deutschlands ernst nehmen. Aber es sind auch die Theater, die angegriffen und auf die Schaffung »deutscher Identität« zurückgeworfen werden sollen, ihre historische Rolle bei der Herstellung einer deutschen Nation völlig verkennend und pervertierend (vgl. ausführlich Brosda 2020, S. 59 ff.; Koppetsch 2019, S. 95 ff.).

Dass künstlerische Freiheit in der Tat auch wehtun kann, an Grenzen arbeitet, zeigt aktuell wohl keine Initiative besser als das *Zentrum für Politische Schönheit*. Mit seiner Aktionskunst provoziert es durch Interventionen im öffentlichen Raum und einem Kunstverständnis, das explizit politisch ist (vgl. Rummel et al. 2019). Und es hat Björn Höcke besonders herausgefordert, indem ihm nach seiner »erinnerungspolitischen Wende um 180 Grad« ein kleines Holocaust-Mahnmal vor die Tür gesetzt wurde (Knoblich 2017, S. 55 ff.). Unser Kunstverständnis lässt zu, was einige zurückdrängen wollen: die humanitären Grundlagen unserer Gesellschaft zu verhandeln, Kunst unmittelbar politisch werden zu lassen.

Provokation aushalten

Hanno Rauterberg hat sehr überzeugend und beispielreich dargestellt, dass es aber nicht nur der rechtspopulistische Angriff ist, der Freiheit im Kulturbereich bedroht, sondern dass auch Empfindlichkeiten grassieren, die die westlichen Gesellschaften in ihren Toleranzräumen herausfordern (vgl. Rauterberg 2018). Prominentestes Beispiel ist wohl das Gedicht von Eugen Gomringer an einer Berliner Hochschulwand: Es misshagte nicht ein expliziter Inhalt, sondern der Gestus, mit dem das Gedicht platziert worden war und die damit verbundene Verstärkung eines implizit Frauen herabsetzenden Gestus – oder die mögliche Lesart in diese Richtung. »In vielen der neuen Kulturkämpfe wird das eigene Empfinden verabsolutiert, der persönliche Eindruck zählt mehr als der Ausdruck der Kunst.« (Ebd. S. 96) Zur Verstärkung und Verbreiterung dessen spielen die neuen Kommunikationsformen und Communities eine wichtige Rolle: »In den Öffentlichkeiten der Digitalmoderne folgen die Debatten nicht länger den Routinen, die sich in den Kulturinstitutionen über Jahrzehnte etabliert hatten. Sie werden unvorhersehbar, alles scheint jederzeit in Zweifel geraten zu können.« (Ebd. S. 17)

Kunst kann provozieren, sie kann mich persönlich abstoßen oder als historische Geste deplatziert wirken. Aber sie ist doch immer Ausdruck einer liberalen Gesellschaft, die dies aushalten und als diskursives Angebot begreifen sollte. Wir müssen uns der Mündigkeit immer wieder klar werden, die damit angesprochen wird, des aufklärerischen Erbes, sich des Verstandes zu bedienen und nicht eine Lebenswelt zu generieren, die in ihren kreativen Hervorbringungen die geltenden Normen (und damit die Grenzen des Sag- und Zeigbaren!) einfriert. Was keinen verstört, spricht keinen mehr an. Ohne die Arbeit an Grenzen ist auch eine Weiterentwicklung einer Gesellschaft als offene Gesellschaft kaum möglich. Wir sollten großen Respekt vor der Freiheit der Kultur haben, da sie unsere Kultur der Freiheit fortentwickeln hilft.

Literatur

Carsten Brosda: Die Kunst der Demokratie. Die Bedeutung der Kultur für eine offene Gesellschaft, Hamburg 2020.

Peter Bürger: Theorie der Avantgarde, Frankfurt am Main 1974.

Volker Gerhardt: Freiheit und Verantwortung. In: Thomas Meyer & Udo Vorholt (Hg.): Freiheit und kulturelle Differenzen, Bochum/Freiburg 2006.

Hermann Glaser & Karl Heinz Stahl: Die Wiedergewinnung des Ästhetischen. Perspektiven und Modelle einer neuen Soziokultur, München 1974.

Heinz Ischreyt: Deutsche Kulturpolitik. Informationen über ihre pluralistischen und totalitären Formen, Bremen 1964.

Tobias J. Knoblich: Die »Alternative für Deutschland« und ihre Reset-Kulturpolitik. In: kulturpolitische mitteilungen, Nr. 159 (IV/2017), S. 55 ff. (auch online: https://www.kupoge.de/kumi/pdf/kumi159/kumi159_55-57.pdf)

Ders.: Programmformeln und Praxisformen von Soziokultur. Kulturpolitik als kulturelle Demokratie, Wiesbaden 2018.

Cornelia Koppetsch: Die Gesellschaft des Zorns. Rechtspopulismus im globalen Zeitalter, Bielefeld 2019.

Herbert Marcuse: Über den affirmativen Charakter der Kultur. In: ders.: Kultur und Gesellschaft I, Frankfurt am Main 1965.

Christoph Menke: Die Kraft der Kunst, Berlin (2. Aufl.) 2013.

Thomas Nipperdey: Wie das Bürgertum die Moderne fand, Berlin 1988.

Hanno Rauterberg: Wie frei ist die Gesellschaft? Der neue Kulturkampf und die Krise des Liberalismus, Berlin 2018.

Juliane Rebentisch: Die Kunst der Freiheit. Zur Dialektik demokratischer Existenz, Berlin 2019.

Miriam Rummel & Raimar Stange & Florian Waldvogel: Haltung als Handlung. Das Zentrum für Politische Schönheit, (3., veränderte Aufl.) München 2019.

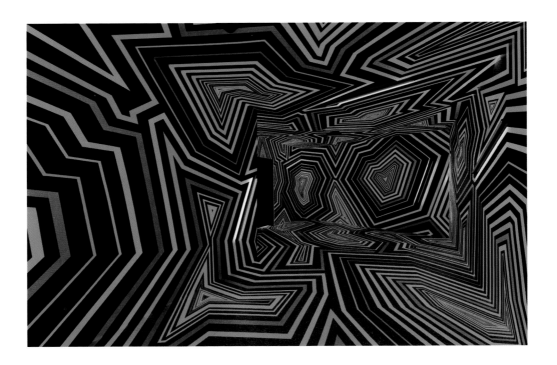

Freiheit unter Beschuss, Gleichheit unter dem Radar

von Ulrike Guérot und Marie Rosenkranz

Den Wert der Freiheit begreift man erst, wenn sie verschwunden ist – genauso ist es mit Europa. Während die EU mit Großbritannien seinen ersten Mitgliedstaat verliert, werden Freiheiten in vielen verbliebenen Staaten zunehmend eingeschränkt: Medien-, Presse-, Kunst- und Meinungsfreiheiten erweisen sich als besonders labile Errungenschaften, zu deren Verteidigung nun mit unterschiedlichen Strategien angetreten wird. Bürger und Bürgerinnen greifen zum Mittel des Protests, die EU zum Instrument des Rechtsstaatlichkeitsverfahrens. Vor allem in Polen und Ungarn versucht sie so, ihr zentrales Versprechen einzulösen: den Schutz von Freiheiten, Demokratie und Menschenrechten. Die populistische und nationalistische Krise erweist sich so – es ist paradox – als lang vermisste Chance für die EU, ihren konkreten Wert für ihre Bürger und Bürgerinnen zu demonstrieren. Das gelingt zumindest partiell: Laut Eurobarometer-Daten gewinnen die Institutionen der EU in Osteuropa gerade wieder an Vertrauen.[1] Doch auf den zweiten Blick zeigt sich eine dialektische Bewegung, denn zugleich regt sich Widerstand gegen einen bestimmten Freiheitsbegriff der EU: eine Freiheit, die ihr Pendant vermisst – die soziale Gleichheit.

Gemeint ist jenes Phänomen, das der Politikwissenschaftler Colin Crouch als »Postdemokratie« beschreibt.[2] Eine seiner Thesen ist, dass die demokratischen Prinzipien der Freiheit und Gleichheit aus dem Gleichgewicht und in ein zunehmend problematisches Verhältnis geraten sind. Freiheit gelte mittlerweile als unangefochtenes Paradigma für politische Entscheidungen und Strukturen, während Gleichheit an Bedeutung verliere. Ein Beispiel: Formal genießen alle Bürger und Bürgerinnen die gleiche Freizügigkeit in Europa, doch wer kann – und wer muss – sie sich leisten? Während Besserverdienende Europa als unkompliziertes Terrain diverser Urlaubsziele genießen, ist Freizügigkeit für viele Saisonarbeiter und Pflegekräfte eine Notwendigkeit, um einer präkeren sozialen Lage in ihrer Heimat zu entkommen. In dieser Schieflage läuft Freizügigkeit Gefahr, vom Grundrecht zu einem leeren, ja falschen Versprechen zu verkommen, das toxisch auf das politische Klima wirkt und Gesellschaften nicht mehr verbindet, sondern spaltet. Auch der Ökonom Thomas Piketty hat darauf hingewiesen,[3] dass enorme Einkommens- und Vermögensdisparitäten der Hauptgrund für die aktuellste aller Krisen der Demokratie sind – für den Populismus. Dieser ist also nicht etwa als Ausdruck eines neu entdeckten identitären Bedürfnisses zu werten, sondern als Reaktion auf eine pervertierte neoliberale Form des marktgeleiteten Regierens.

Der französische Philosoph Etienne Balibar hat darum 2012 den Begriff der »Gleichfreiheit« in die Diskussion eingeführt, um kenntlich zu machen, dass weder Freiheit noch Gleichheit absolut gestellt werden dürfen und keiner der beiden Werte ohne den anderen funktionieren kann.[4] Insofern steht das Aufkommen eines neuen Nationalismus in Europa in einem engen Zusammenhang mit einem fehlgeleiteten Freiheitsbegriff, den es dringend zu ajustieren gilt. Freiheit ist mehr als ein Wert in Bedrängnis. Sie ist ein politisches Prinzip, das nur mit ihrem Pendant, der Gleichheit, wirklich trägt.

Kultur als widerständige Identitätspolitik

»So steht es um die Ästhetisierung der Politik, welche der
Faschismus betreibt. Der Kommunismus antwortet ihm
mit der Politisierung der Kunst.«
— Walter Benjamin[5]

Die populistische Strategie besteht darin, ökonomische Ungleichheiten zu instrumentalisieren und sie in anti-elitistische, anti-migrantische Ressentiments zu wenden. Erst dadurch führt Ungleichheit zu einer Kultur- und Identitätsfrage. Kein Wunder also, dass sich in diesen Zeiten diejenigen zu Wort melden, die seit jeher Kultur verhandeln: Künstlerinnen und Künstler, Kreative sowie Kulturinstitutionen. Angesichts des neuen Populismus mischen sie sich spürbar aktiver in das politische Geschehen in Europa ein. Der deutsche Fotograf Wolfgang Tillmans etwa, der in London lebt, dort als EU-Bürger indes nicht am Brexit-Referendum teilnehmen durfte, organisierte gemeinsam mit dem niederländischen Architekten Rem Koolhaas und zahlreichen Unterstützerinnen und Unterstützern eine Kampagne gegen den Brexit. Erfolglos? Vielleicht, wenn man es am Ausgang des Referendums misst. Aber Tillmans *ist so frei* und zeigt, dass sich Mitsprache zur Not auch selbst organisieren lässt. Seine Kampagne verweist darauf, dass Identifikation nicht territorial,

Bürger- und Bürgerinnenschaft nicht national sein müssen. Allein damit fügte er einer im reinen Krisenmodus geführten Brexit-Debatte, der es an Imagination und Weitsicht fehlt, einen wertvollen Beitrag hinzu. In der gleichen Debatte mischte auch die Kunstfigur Madeleina Kay mit, die sich, verkleidet als »EU-Supergirl«, in einen geradezu körperlichen Kampf gegen den Brexit stürzte und unter anderem eine Pressekonferenz in Brüssel dazu nutzte, um in ihrer kreativen Montur bildstark für ein zweites Referendum zu werben. Ein Verbleib Großbritanniens in der EU würde die Freizügigkeit für britische Bürgerinnen und Bürger sichern.

Ein Beispiel abseits des Brexit dafür, wie Balibars Idee der »Gleichfreiheit« künstlerisch umgesetzt werden kann, ist die Performance *Rivolta della Dignità* von Milo Rau und dem *International Institute of Political Murder*. Als »Revolte der Würde«, die unter anderem am 10. November 2019 auf dem Transeuropa Festival von *European Alternatives* im Hafen in Palermo aufgeführt wurde, wird dabei die Ankunft von Geflüchteten mit dem Evangelium in Verbindung gebracht. »Black Jesus« und seine Jünger – Geflüchtete und Aktivisten aus Afrika – sind die Darsteller, die nach einer Prozession durch die Stadt Palermo in einer Kirche ihre realen Flucht- und Ankunftserfahrungen teilen. Die Aktion prangert die Politik der EU an den Außengrenzen, aber auch das europäische Selbstverständnis an sich an und stellt die Frage: Freiheit, für wen eigentlich? So gibt es eine Reihe von künstlerischen Aktionen, die sich genau diesen Spannungen von Freiheit und Gleichheit widmen, die Europa zu spalten drohen.

Doch weder der politische Diskurs noch der aktuelle EU-Haushalt entsprechen der Rolle, die die Künste durch ihre Einmischung in die europäische politische Debatte selbst spielen. Kultur ist längst nicht mehr Nebenschauplatz des europäischen Integrationsprozesses, im Gegenteil: Dort findet er statt! In der Kunst werden die Fragen behandelt, denen sich Politikerinnen und Politiker dringend zuwenden müssen – anstatt, wie es Ursula von der Leyen getan hat, Kulturpolitik als eigenständiges Portfolio aufzugeben und der Industriepolitik zuzuschieben, während sie gleichzeitig mit dem Kommissionsamt mit dem unglücklichen Titel »Promoting Our European Way of Life« das Fantasma eines abgeschlossenen Kulturraums Europa wiederbelebte und damit eine hitzige kulturpolitische Debatte herbeibeschwor: War dies der Preis, den sie für die populistischen Stimmen, die ihr zur Wahl verholfen haben, bezahlt hat? Dass die Kunst sich trotz fehlender Unterstützung und teils widriger Bedingungen zunehmend traut und anmaßt, in die Politik einzugreifen und deshalb für die Gegner der Demokratie ganz oben auf der Abschussliste steht, darf als Beleg für ihre große Kraft gewertet werden. Im Moment des europäischen Zerfalls bildet sich auf kultureller Ebene eine kritische, europäisch geführte Debatte heraus, die beachtlich ist – und die das Projekt Europa endlich politisiert. Politisch engagierte Künstlerinnen und Künstler, aber auch kreative Bürgerinnen und Bürger entlarven und kritisieren die Fehler des europäischen Systems, verleihen ihm neue Bedeutungen[6] und tragen zur Aktualisierung einer europäischen Idee bei, die den politischen Entscheidungsträgerinnen und -trägern längst entglitten ist. Die Kunst fragt: »What community do we imagine?«[7] und gibt – der Politik einige Schritte voraus – eine vielstimmige, laute, europäische Antwort.

Anmerkungen

1 Eurobarometer 2019
2 Colin Crouch: Postdemokratie, Bonn 2008. Verwendet wurde der Begriff mit etwas anderer Bedeutung jedoch bereits zuvor von Jacques Rancière. Vgl. Jacques Rancière: Demokratie und Postdemokratie. In: Alain Badiou & Jacques Rancière: Politik der Wahrheit, Wien 2014, S. 119-156.
3 Thomas Piketty: Capital et idéologie, Paris 2019.
4 Etienne Balibar: Gleichfreiheit, politische Essays, Frankfurt 2013.

5 Walter Benjamin: Das Kunstwerk im Zeitalter seiner technischen Reproduzierbarkeit (1939), S. 508.
6 Auf die Notwendigkeit einer aktiven Bedeutungszuschreibung zum europäischen Projekt hat zuletzt Pascal Gielen in seinem Buch No Culture, No Europe. On the Foundation of Politics hingewiesen.
7 Benedict Anderson: Imagined Communities, London 1996.

Die Kanarienvögel in den Kohleminen

Von Sara Whyatt

Der Aufstieg des rechtsgerichteten Nationalismus wird weltweit mit Sorge wahrgenommen, insbesondere im Kunst-und Kultursektor, wo Regierungen – getragen von populistischen Stimmungen – zunehmend versuchen, Kontrolle über die Verwaltung und Finanzierung von Kulturinstitutionen zu erhalten. Das Ergebnis ist eine Einschränkung des Zugangs zur gesamten Palette kultureller Vielfalt, wie sie sich in jeder Gesellschaft findet.

Genaue Zahlen zum Ausmaß der kulturellen Zensur sind schwer zu erhalten. Dafür gibt es eine Reihe von Gründen. Einer der wichtigsten ist, dass es nur sehr wenige Organisationen gibt, die auf nationaler oder regionaler Ebene solche Übergriffe systematisch überwachen, von der globalen Ebene ganz zu schweigen. Außerdem ist das Verständnis für die Wege, auf denen künstlerische Freiheit unterdrückt wird, noch kaum entwickelt. Ein großer Teil der Repression gegen künstlerische Freiheit geschieht »unter dem Radar«, etwa indem Funktionäre den Zugang zu öffentlichen Mitteln einschränken. Diese sind aber essenziell für einen Sektor, der auf Zuschüsse und Unterstützung angewiesen ist, gerade um unabhängige und herausfordernde Werke zu schaffen. In Ländern, in denen populistische Bewegungen die Oberhand gewinnen, werden Direktoren und Kuratoren, deren Arbeiten die staatlichen Narrative herausfordern, besonders häufig beim Zugang zu staatlicher Förderung benachteiligt. Im Unterschied zu Beispielen, bei denen Werke entfernt und Künstler vor Gericht gebracht oder gar eingesperrt werden, wird von diesen Fällen meist keine Notiz genommen oder sie werden nicht als Zensur bewertet. So können Regierungen unbemerkt sicherstellen, dass ihre störenden Künstler ohne Einkommen bleiben, bis sie aufhören Werke zu produzieren, die der nationalen Rhetorik zuwiderlaufen.

Blockierte Zuschüsse

Das Schließen einer Ausstellung in Japan ist ein Beispiel für die nationalistische Empörung über ein Kunstwerk, das eine rechtsgerichtete Interpretation der Geschichte herausfordert. Die Präsenz der Skulptur einer koreanischen sogenannten »Trostfrau« mit dem Titel *Statue of a*

Girl for Peace führte zu Androhungen von Gewalt, zur Entscheidung des Kurators, die Ausstellung zu schließen und zur Rücknahme der öffentlichen Finanzierung. Die Skulptur war Teil einer Ausstellung, die im Rahmen der renommierten Aichi Triennale 2019 gezeigt wurde, eines der größten zeitgenössischen internationalen Kunstfestivals in Japan. Das Jahresthema war *Taming Y / Our Passion*[1], die Veranstalter nannten als Zielsetzung eine »Konfrontation mit Nationalismus und Globalismus, Elitismus und Anti-Intellektualismus, Universalismus und Relativismus, Idealismus und Realismus, Metropole und Peripherie, Jung und Alt, die Bühne ist offen, um die verloren gegangene originäre Domäne der Kunst zurückzugewinnen«. Zu den kleineren Ausstellungen der Triennale gehörte auch *After Freedom of Expression*, in der die Statue gezeigt wurde, die eine der koreanischen »Trostfrauen« darstellte, eine von Tausenden von Frauen, die während des Zweiten Weltkriegs vom japanischen Militär zu sexueller Sklaverei gezwungen worden waren.

Das Thema der »Trostfrauen« ist Teil eines langjährigen Streits[2] zwischen Südkorea und Japan. Japanische Nationalisten behaupten, dass das Ausmaß der sexuellen Versklavung übertrieben werde und dass, wenn überhaupt, nur wenige Frauen zwangsweise als Prostituierte rekrutiert worden seien. Die Auseinandersetzung flammte 2018 erneut auf, als ein südkoreanisches Gericht japanische Unternehmen, die während des Krieges Zwangsarbeiter eingesetzt hatten, zu Entschädigungszahlungen verurteilte und Schritte zur Konfiszierung von Vermögen dieser Unternehmen eingeleitet wurden. Japan antwortete mit Handelsbeschränkungen, was Südkorea mit dem Aussetzen der geheimdienstlichen Zusammenarbeit erwiderte. Mitten in diese verschärfte Lage fiel die Bekanntgabe des Programms der Triennale. Die Probleme ließen nicht lange auf sich warten. Telefonleitungen waren verstopft, und Tausende Beschwerde-Mails gingen ein, darunter Hunderte mit Gewaltandrohungen. Dann kam die schockierende Drohung, die Ausstellung werde einer Brandstiftung zum Opfer fallen, ähnlich der, die im Monat zuvor in einem Anime-Studio den Tod von über 36 Angestellten verursacht hatte.[3] Der entstandene Druck war so groß, dass der Kurator drei Tage nach Beginn des Festivals mit einer Entschuldigung für die verursachten Probleme bekannt gab, die Ausstellung werde geschlossen. Zwar konnte sie wenige Tage vor Ende der Triennale unter strengen Auflagen noch einmal öffnen, aber die Japanische Agentur für kulturelle Angelegenheiten hatte ihre Förderung bereits zurückgezogen, und die Stadt Nagoya drohte mit der gleichen Maßnahme. Als Grund wurde angegeben, dass die Veranstalter des Festivals es unterlassen hätten, vor der Aufnahme eines umstrittenen Werks zu warnen, das öffentliche Anfeindung auslösen könnte. Dies kann durchaus als eine de facto Zensur betrachtet werden, verbunden mit der Warnung an andere, die künftig kontroverse Kunstwerke auszustellen gedachten: Die zuständigen Stellen würden nicht den Drohungen gegen solche Kunstwerke entgegentreten, sondern vielmehr umstrittene Inhalte für eine öffentliche Schau als unerwünscht betrachten. Werden Künstler und Kuratoren in einem Sektor, in dem es äußerst schwer ist, seinen Lebensunterhalt zu verdienen, künftig das Risiko eingehen, sich der Wut und den Drohungen rechtsgerichteter Gruppierungen auszusetzen, und, was ebenso wichtig ist: Können sie es sich leisten, den Verlust finanzieller Förderung zu riskieren?

Zunehmende Einmischung

In Europa wächst die Sorge über die Art und Weise, in der Regierungen auf die Ausstellungspolitik und den Inhalt ihrer Museen Einfluss zu nehmen versuchen, nicht selten mit der Forderung, historische Ereignisse in einem positiveren nationalistischen Licht darzustellen. Kuratoren und Direktoren, die der populistischen Rechten nicht genehme Themen – wie zum Beispiel Migration, LGBT, religiöse oder andere moralische Wertvorstellungen – aufnehmen, werden aus ihren Positionen gedrängt.

In Ungarn hat Premierminister Viktor Orbán anlässlich seiner jährlichen Ansprache im Juli 2018 erneut zugesagt, was bereits in der 2010, kurz nach seiner Amtsübernahme, überarbeiteten Verfassung niedergelegt worden war: »Ungarn hat das Recht, seine christliche Kultur zu verteidigen, und es hat das Recht, die Ideologie des Multikulturalismus zurückzuweisen«, und dies würde »durch einen neuen intellektuellen und kulturellen Zugang« erreicht. In den letzten Jahren wurde die Übernahme von Leitungspositionen in Ungarns wichtigsten Kunst-und Kulturinstitutionen durch von der Regierung ernannte Funktionäre mit Sorge registriert. Regierungsfreundliche Medien griffen die Programme von Museen an, die sich mit LGBT und Immigration befassten, wie beispielsweise in der wirksamen Kampagne der Zeitung *Magyar Idök*, die zum Abbruch der Aufführungen des Musicals »Billy Eliot« führten.

Die Sorge um die künstlerische Freiheit wuchs, als im Dezember 2019 ein neues Gesetz beschlossen wurde, das es dem Kulturministerium erlaubt, auf die Einstellung von Direktoren der staatlich oder kommunal geförderten Theater Einfluss zu nehmen. Da der Kultursektor in einem erheblichen Umfang staatlich finanziert ist, handelt es sich hierbei um einen besonders problematischen Vorgang. Tausende protestierten gegen das neue Gesetz[4], über 50.000 Menschen unterschrieben Petitionen, bewegt von der Furcht, dass dies das Ende der kulturellen Vielfalt und der Freiheit des künstlerischen Ausdrucks bedeuten könnte.

Einflussnahme der Regierung auf die Besetzung von Leitungsfunktionen im Kulturbereich waren auch ein zentrales Problem in Polen. Seit ihrer Machtübernahme 2015 hat die rechtsgerichtete Partei Recht und Gerechtigkeit (PiS) ihren Einfluss geltend gemacht, um christliche Werte zu befördern, wozu auch der Kampf gegen die von ihr so beschriebene »ideologische Offensive«[5] von LGBT und »politische Korrektheit« gehören. Dies geht einher mit einer Anti-Immigrationspolitik und einer Spielart des historischen Revisionismus. Dieser Kampf wird als Teil eines »kulturellen Krieges« beschrieben, bei dem vor allem auch Polens führende Kunst-und Kulturinstitutionen in der Schusslinie stehen.

2016 erzwang Polens Kulturminister die Entlassung von zwei Direktoren des Adam Mickiewicz Instituts, das polnische Kultur im Ausland vermittelt[6], und ersetzte den Leiter mit einem regierungsnahen früheren Diplomaten. Dieser konnte sich nur wenige Monate in der Position behaupten, wobei es Hinweise darauf gab, dass sein Vertrag wegen seiner relativ liberalen Auffassungen nicht verlängert worden sei.[7]

2019 erfolgte die Bestellung des Direktors des Zentrums für Moderne Kunst im Warschauer Ujazdowski-Schloss durch die Regierung ohne die übliche Ausschreibung. Dies führte zu Protesten von Seiten polnischer Künstler und Kulturschaffender, die dem neuen Direktor vorwerfen, frauenfeindliche, homophobe und gegen Migration eingestellte Künstler zu unterstützen. Er antwortete mit der Aussage, dass nach seiner Überzeugung die Kunstwelt von Progressiven und Linken dominiert sei, was er zu ändern gedenke. Ein anderer von der Regierung bestellter Kulturfunktionär, der Direktor des Nationalmuseums Warschau, entfernte nach seiner Berufung im April 2019 das Video einer feministischen Künstlerin aus den 1970er-Jahren, in dem eine Frau gezeigt wird, die eine Banane isst. Er begründete das damit, dass das Video »sensible junge Menschen« irritieren könnte.[8] Auch wenn das Werk in der Folge von Protesten bald wieder in das Museum zurückkehrte, so bleibt doch die Zensur durch den Direktor ein besorgniserregendes Signal für den Einfluss, den von der Regierung bestellte Funktionäre ausüben.

2017 war der Direktor des »Museums des Zweiten Weltkriegs« die Zielscheibe. Nur wenige Monate nach Eröffnung des Museums wurde er aus seiner Position entlassen.[9] Seine Vision war gewesen, in dem Museum die Erfahrungen aller Opfer des Krieges in ganz Europa zu reflektieren, die Ereignisse in einen größeren Kontext zu rücken und nicht nur das Leiden der Menschen in Polen darzustellen. Der Direktor, der für ihn eingesetzt wurde, ließ denn auch sogleich ein Video entfernen, das die Geschichte des Krieges außerhalb Europas, u.a. in der Ukraine und in Syrien, sowie die Not der Geflüchteten zeigte[10], und brachte das Museum damit stärker auf die Linie des von der Regierung favorisierten Narrativs der polnischen Kriegserfahrungen im Sinne des patriotischen Ruhms.[11] Diese Abberufung fiel zeitlich mit Plänen zusammen, das Museum mit einem geplanten Museum zum Kampf um die Westerplatte zu verschmelzen, einem für den polnischen Freiheitskampf symbolischen Ereignis von 1939. Die Planungen zu dem neuen Museum sind in Streitigkeiten über mögliche Enteignungen von Land der Stadt Danzig festgefahren, wo das Museum entstehen soll.[12]

Kontrastierende Perspektivierungen der Kriegserfahrung führten zu einer weiteren Auseinandersetzung zwischen einem Museumsdirektor und der Regierung. Der Direktor des Museums für die Geschichte der polnischen Juden (POLIN), der die Stelle bei der Eröffnung des Museums 2014 übernommen hatte, wartet bisher vergeblich auf seine Wiedereinsetzung nach seiner erfolgten erneuten Berufung nach Ende der ersten Mandatszeit im Februar 2019.[13] Der Kulturminister weigerte sich, seine Wiederberufung formal zu bestätigen. Seine Funktion wird nach wie vor von seinem Stellvertreter wahrgenommen. Es wird gemeinhin vermutet, dass der Direktor für eine »Politisierung« des Museums[14] sowie für seinen Widerspruch gegen das 2018 verabschiedete Gesetz gemaßregelt wurde, mit dem unter Strafe verboten wird, Aussagen zu machen, die so gedeutet werden können, dass der polnischen Nation eine Verantwortung oder Mitverantwortung für vom nationalsozialistischen Deutschland begangene Verbrechen zugeschrieben wird.

Schlussfolgerung

Die Erfahrungen in Japan, Ungarn und Polen lassen einen besorgniserregenden Trend zu einer wachsenden Einflussnahme von rechtsgerichteten Regierungen auf den Kunstsektor erkennen. Es handelt sich nicht um die einzigen Länder mit solchen Tendenzen. Andere erwähnenswerte Beispiele sind die nationalistische Hindu-Partei BJP in Indien und Jair Bolsonaros rechtsgerichtete Präsidentschaft in Brasilien, die ebenfalls

Einfluss auf den kulturellen Sektor genommen haben. So entsteht eine gesellschaftliche Atmosphäre, in der die Vielfalt kultureller Ausdrucksformen erodiert und der Zugang zur ganzen Breite von Blickrichtungen, Erfahrungen und Geschichten, die unsere Gesellschaften ausmachen, eingeschränkt wird. Während die Fälle von Verhaftungen und Gerichtsprozessen einzelner Künstler meist öffentliche Aufmerksamkeit erhalten, haben entsprechende Vorgänge bei der Kunstförderung und die Frage, wer Kulturinstitutionen leitet, keine vergleichbar alarmierende Wirkung. Dennoch beschädigen sie in erheblichem Maße unser aller Recht, Kunst und Kultur in ihrer ganzen Breite und Vielfalt aufnehmen zu können. Es heißt, Künstler seien wie die »Kanarienvögel in den Kohleminen« – die ersten, die eingehen. Es ist dringend notwendig, dass der sanfte Druck der Strangulierung durch Entzug von Mitteln und politische Einflussnahme von Regierungen auf die Verwaltung ebenso als Zensur verstanden werden wie das gezielte Beseitigen von Werken aus der öffentlichen Wahrnehmung und die Inhaftierung von Künstlerinnen und Künstlern.

Aus dem Englischen von Francesca Ferretti und Roland Bernecker

Anmerkungen

1 Details zur Aichi Triennale finden sich auf der Website: https://aichitriennale.jp/en/about/index.html

2 https://www.economist.com/the-economist-explains/2019/09/03/why-japan-and-south-korea-bicker

3 Dieser frühere Vorfall war nicht politisch motiviert.

4 https://www.dw.com/en/hungary-governments-theater-control-plan-triggers-actor-protests/a-51602470

5 https://wroclawuncut.com/2019/09/16/kaczynski-calls-on-pis-faithful-to-win-over-wroclaw/

6 https://news.artnet.com/art-world/poland-museums-conservative-1767513

7 https://forward.com/culture/438283/a-new-york-production-of-kafkas-the-trial-was-cancelled-after-its-polish/

8 https://observers.france24.com/en/20190503-poland-national-museum-warsaw-banana-artwork

9 Director of Polish World War II Museum Forced to Step Down', Artforum, 11 April 2017, https://www.artforum.com/news/director-of-polish-world-war-ii-museum-forced-to-step-down-67703

10 WW2 commemorations expose differences at heart of Europe', Shaun Walker, 30 August 2019, The Guardian, https://www.theguardian.com/world/2019/aug/30/truth-is-a-casualty-80-years-after-start-of-second-world-war

11 'Court Clears Takeover of Poland's New World War II Museum', Joanna Berendt, 5 April 2017, The New York Times, https://www.nytimes.com/2017/04/05/arts/design/poland-new-world-war-ii-museum-court-clears-takeover.html

12 'Poland's President Allows Seizure of WWII Battlefield For New Museum'' George Winston, 27 August 2019, War History Online,https://www.warhistory-online.com/news/president.html

13 https://www.thejc.com/news/world/serious-threat-warsaw-jewish-museum-poland-withhold-director-dariusz-stola-piotr-gli%C5%84ski-1.496428

14 https://forward.com/culture/432537/5-months-after-his-selection-the-director-of-the-polish-jewish-museum/

Wer wenn nicht wir?

Von Mary Ann DeVlieg

Wenn man gefragt wird: »In welchen Teilen der Welt sind Künstlerinnen und Künstler sowie Kulturschaffende besonders bedroht, und was sind die Gründe dafür?«, dann gibt es zwei mögliche Vorgehensweisen, um nach Antworten zu suchen. Die erste wäre, zur Verfügung stehende Quellen zu nutzen, um die Daten zusammenzustellen, aus denen hervorgeht, wo Künstler und Kulturschaffende Repressionen ausgesetzt sind. Das sind etwa die Statistiken des EU ProtectDefenders Konsortiums; die Berichte der Vereinten Nationen, der UNESCO und des Europarats; die jährlichen Statistiken und Auswertungen von Freemuse, PEN International, Index on Censorship, IFEX usw. Damit kann man den Mangel an umfassenden, verifizierbaren und vergleichbaren globalen Statistiken zumindest ein wenig kompensieren. Auf diese Weise würde man einige Länder herausgreifen und bloßstellen, andere würden im selben Zug freigesprochen.

Die andere Möglichkeit ist es, den Blick selbstreflexiv und kritisch auf die globale Situation zu richten, niemanden zu schonen, Stereotypen über den globalen Norden bzw. globalen Süden zu vermeiden und die Leserinnen und Leser dazu einzuladen, ihre Heimatländer ungeschönt zu betrachten. Sollten einem einige meiner Hinweise allzu vertraut vorkommen, so ist das kein Zufall: Jede Zeile beschreibt einen oder mehrere konkrete Länder.

Die Künste und alle, die künstlerische Werke schaffen, aufführen, unterrichten, unterstützen und verbreiten sind gefährdet:

Wo die Konzentration des Besitzes von Medien zu Informationsmonopolen führt.

Wo die Rechtsstaatlichkeit und Unabhängigkeit der Justiz nicht respektiert und geschützt werden.

Wo das Zurückfallen in nationalistischen und populistischen Protektionismus zunimmt.

Wo künstlerische und kulturelle Aktivitäten Eliten vorbehalten sind oder wo die breite Bevölkerung davon ausgeht, dass dem so sei.

Wo die Antwort auf die Frage nach politischen Einschränkungen von Freiheit »Nein« lautet, noch bevor überhaupt eine Frage gestellt wurde.

Wo Bildung – auch höhere und weiterführende Bildung – so teuer ist, dass nur Wenige sie sich leisten können.

Wo investigative Journalistinnen und Journalisten – sowohl praktisch als auch theoretisch – vom Gesetz, der Regierung und der Polizei nicht umfassend geschützt sind.

Wo das politische System – von Wahlen bis zur Gesetzgebung – von kapitalstarken Interessengruppen und Lobbys beeinflusst ist.

Wo der Zugang und die Mitwirkungsmöglichkeiten in der Kunst durch Kosten, Sprache, räumliche Entfernung oder fehlende Anregungen eingeschränkt sind.

Wo die Berichte von Expertinnen, Wissenschaftlern, Forscherinnen und Intellektuellen systematisch verachtet werden oder durch fehlende Qualitätsstandards an Glaubwürdigkeit einbüßen.

Wo soziale Normen so unflexibel sind, dass sie die freie Entscheidung in Bereichen eingrenzen, die von universellen Menschenrechten geschützt werden.

Wo der Austausch von Sichtweisen zwischen den Generationen öffentlich nicht oder nur in einer oberflächlichen, unehrlichen Weise stattfindet oder wo verantwortungsvolle Positionen so gut wie nie jüngeren Menschen anvertraut werden.

Wo kritische Medienerziehung nicht regelmäßiger Bestandteil der Schul-Curricula in allen Bildungsstufen ist.

Wo Nachrichten überwiegend polemisch, propagandistisch und ohne sachlichen Kontext präsentiert werden.

Wo Künstlerinnen und Künstler Selbstzensur ausüben, um den Verlust von Einkommen, Anfeindungen oder Isolation zu vermeiden.

Wo die Frage »Wie viele?« wichtiger ist als die Frage nach dem »Warum?«.

Wo Kunst- und Kulturpolitik nicht mit Bildungspolitik, Jugendpolitik, Handelspolitik, Stadtplanung, Migrationspolitik usw. verbunden sind.

Wo Bürgerschaft nur in ihrem rechtlichen Sinn und nicht als eine Haltung der Verantwortung und des Beitrags zum Gemeinwohl verstanden wird.

Wo kriminelle, militärische oder bewaffnete Gruppen oder Individuen ungestraft agieren können.

Wo Opposition dämonisiert wird.

Wo religiöse und gesellschaftliche Intoleranz nicht öffentlich reflektiert und debattiert werden.

Wo der öffentliche Zugang zu Informationen aufgrund von Kosten, Gesetzen, Zensur, Sprache oder Wettbewerb eingeschränkt ist.

Wo die ökonomische Erfolgsmessung über jede andere Form der Evaluation dominiert.

Wo Minoritäten und Migrantinnen und Migranten intellektuell, kulturell, politisch, ökonomisch oder physisch ghettoisiert werden.

Wo Hoffnung fehlt.

Wo politische Racheakte oder ein extremes Festhalten an der Macht dazu führen, dass alle zur Zielscheibe werden, die dies anprangern.

Wo ein Teil der Bevölkerung zum Sündenbock für die Probleme eines anderen Teils gemacht wird.

Wo Künstlerinnen und Künstlern auf der Flucht kein ausreichender Schutz und kein Zugang zu Möglichkeiten gegeben wird, ihre Arbeit fortzusetzen.

Wo in einer sich permanent ändernden, unverständlichen Welt die Massen den Punkt erreicht haben, an dem sie zugleich alles und nichts glauben, alles für möglich und nichts für wahr halten.[1]

Wo das ›Wir‹ der Inklusion, des Annehmens und der Bestätigung ein Reich der wohltuenden Sicherheit ist, das wir lediglich aus der furchterregenden Wildnis herausschneiden (wenn auch nie sicher genug), die von den ›Andern‹ besiedelt wird.[2]

Wo die Gesellschaft sich nicht dauernd fragt, warum es für sie und den Einzelnen wichtig ist, die Wahrheit zu sagen und die Wahrheit zu kennen, warum es wichtig ist, dass es Leute gibt, die die Wahrheit sagen und dass man sie von den anderen unterscheiden kann.[3]

Natürlich gibt es Statistiken, vor allem solche, die Bedrohungen der Demokratie oder von Verteidigern der Menschenrechte dokumentieren und auf spezifische Entwicklungen hinweisen, wie etwa die Erosion der Rechtsstaatlichkeit in Ungarn, Polen oder Brasilien. Es gibt offenkundige Hinweise auf unmenschliche Behandlung und illegales Vorgehen bei Inhaftierungen sowie auf Folter in der Türkei und Saudi-Arabien. Wir haben mitbekommen, dass Umweltaktivisten oder investigative Journalistinnen in Mexiko, Malta oder der Slowakei Opfer von Attentaten wurden. Diese Beispiele zeigen die Gefahr, der sich Künstlerinnen und Künstler und auch diejenigen aussetzen, die sie unterstützen, denn in solchen Situationen haben sie nicht die Freiheit, ihr tieferes Wissen und ihre Gefühle gegenüber den Mächtigen und die sie stützenden Systeme mitzuteilen. Wie verhält es sich aber mit Ländern, in denen Menschenrechtsverstöße weniger spektakulär sind?

Man kann sich der Wahrnehmung kaum verschließen, dass die Zunahme von Populismus und Nationalismus, die Angst vor (und Intoleranz gegenüber) Migrantinnen und Migranten oder Neuankömmlingen gesellschaftliche Phänomene sind, die sich nicht auf einzelne Kontinente oder Länder beschränken. Die politische Polarisierung von Bevölkerungen und Gemeinschaften, tendenziöse und zugespitzte Berichterstattung, die exzessive Verstärkung viraler Effekte in den sozialen Medien bestätigen Menschen in ihren Ängsten, ihren Gefühlen der Ungerechtigkeit und in ihrem Glauben, dass ihnen ein fairer Anteil an der wirtschaftlichen Entwicklung oder an gesellschaftlicher Würdigung oder gar weggenommen würde.

Die Künste sind der intellektuelle und geistige Raum, in dem Alternativen entworfen, Fragen gestellt, Meinungen formuliert, Wahrheiten ausgesprochen, Spiegel vorgehalten, Horror enthüllt, Rätsel aufgegeben werden können. In anderen Worten: der Raum, in dem uns eine unmittelbare, sehr persönliche Begegnung mit der Schönheit und dem Schrecken in all ihren Facetten zugemutet wird.

Ungeachtet der universell gültigen internationalen Instrumente und Mechanismen müssen auch bedeutende Unterschiede in der Geschichte und der Entwicklung der staatlichen oder regionalen Kulturtheorien und Kulturpolitiken berücksichtigt werden. Gegenwärtig richten sich Kulturpolitiken meist nach den Standards der Länder, in denen die am weitesten verbreiteten Modelle der Lehre des Kulturmanagements oder der Kulturpolitik entwickelt wurden und deren Forscherinnen und Forscher in den namhaften akademischen Zeitschriften darüber publizieren. Mit ihrer dominierenden Position definieren sie nicht nur die Modelle, sie erfinden auch die maßgebliche Sprache, in der wir unsere eigene Situation jeweils verstehen sollen. Vor einigen Jahren beschrieben mittelosteuropäische Kulturpolitik-Expertinnen und -Experten die Herausforderung, als nicht-englische Muttersprachlerinnen und Muttersprachler mit dem Fachjargon klarzukommen und zu verstehen, ob und wie er zu dem jeweiligen eigenen Kontext passt. Solche Faktoren wie die Zahl der Künstlerinnen und Künstler in der Bevölkerung, das allgemeine Niveau der kulturellen Bildung, die nationale Bedeutung der Religion usw. haben Auswirkungen, die einen Vergleich zwischen verschiedenen Ländern zu einem komplexen Unterfangen machen.

Selbst in Ländern mit ›auf Armlänge‹ von den Regierungen entfernten, ›aufgeklärten‹ kulturellen Mittlerstrukturen werden die Arme kürzer, und die Abhängigkeiten der kulturellen Institutionen und Organisationen vom politischen Willen der Regierungsinstanzen nehmen tendenziell zu.

Was die Europäische Union tun kann, um Kunst und Kultur besser zu schützen, hängt letztlich davon ab, was ihre Mitgliedstaaten und die ihr verbundenen Drittstaaten tun wollen. Dringend benötigt wird eine verbesserte kulturelle Bildung und Sensibilisierung für die Freiheit des künstlerischen Ausdrucks sowohl in der breiten Bevölkerung als auch in der politischen Klasse.

Um populistischen Tendenzen zu begegnen, benötigen wir vertiefte öffentliche Debatten über ein breiteres Verständnis von bürgerschaftlichem Engagement als einem Denken und Handeln, das zu kritischeren, reflektierteren und toleranteren Gemeinschaften führt. Wenn ich verstehen lerne, wie andere Menschen denken, wenn ich ihre Perspektiven nachvollziehen kann, kann ich meinem eigenen Anspruch auf Humanität besser gerecht werden. Ein alternatives, verbindendes und partizipatorisches Verständnis gelebter Bürgerschaft kann über einen künstlerischen Prozess vermittelt werden, gerade auch durch Künstlerinnen und Künstler aus migrantischen und Minderheitengruppen. Dazu muss das Verständnis vermittelt werden, dass Kunsttreibende sich aktiv als Bürgerinnen und Bürger betätigen, wenn sie Kunstwerke produzieren, mit denen sie kritisches Denken, die Reflexion des Status quo und den Entwurf alternativer Perspektiven anregen. Dies ist das Angebot, das Künstlerinnen und Künstler der Gemeinschaft machen.

Vor diesem Hintergrund kann die Frage, was die Europäische Union zu einem besseren Schutz von Kunst und Kultur beitragen kann, nicht nur mit einem Verweis auf Finanzierung beantwortet werden. Das ist nicht ausreichend, wenn es um die Schaffung von Bedingungen geht, in denen künstlerische Arbeit verstanden, geschützt, respektiert und unterstützt wird – und dies nicht nur vom Kunstpublikum, sondern auch von der Politik, von Regierungsmitarbeitern und insbesondere auch von der breiten Öffentlichkeit. Alle drei genannten Sphären, die kulturelle, die politische und diplomatische sowie die öffentliche sind hier von Bedeutung.

Die Europäische Union ist kein Monolith. Im Bereich der Kultur ist sie nur mit streng begrenzten Kompetenzen ausgestattet und in besonderer Weise von der sehr gemischten Interessenlage ihrer Mitgliedstaaten abhängig. Dennoch erleben wir in der Europäischen Union das Verschwinden eines Konsenses über unser Verständnis von Demokratie und über die Prozesse, durch die ihre Werte aufrechterhalten werden sollen. Angesichts der Auswirkungen viraler und manipulativer Desinformation, vor allem auch solcher, die mit konkreten politischen Zwecken verbunden und aus entsprechenden Quellen finanziert ist, kommt es darauf an, dass die Europäische Union die von ihr garantierten Freiheiten und Werte entschieden verteidigt und nicht nur symbolisch vor sich herträgt.

Die politischen Organe der Europäischen Union – der Europäische Rat, die Ministerräte, das Europäische Parlament und die Europäische Kommission – müssen sich noch entschiedener und sichtbarer zu den Werten bekennen, die in der Grundrechte-Charta niedergelegt sind, unter anderem in Art. 11:

»Jede Person hat das Recht auf freie Meinungsäußerung. Dieses Recht schließt die Meinungsfreiheit und die Freiheit ein, Informationen und Ideen ohne behördliche Eingriffe und ohne Rücksicht auf Staatsgrenzen zu empfangen und weiterzugeben. Die Freiheit der Medien und ihre Pluralität werden geachtet.«

Und in Art. 13:

»Kunst und Forschung sind frei. Die akademische Freiheit wird geachtet.«

Der Ministerrat hat 2014 die »Menschenrechtsleitlinien der EU in Bezug auf die Freiheit der Meinungsäußerung – online und offline« beschlossen, die mit der Feststellung beginnen:

»Die Meinungsfreiheit und die Freiheit der Meinungsäußerung zählen zu den Grundrechten eines jeden Menschen. Sie sind für die Würde und freie Entfaltung des Einzelnen unverzichtbar und bilden darüber hinaus die essenzielle Grundlage für Demokratie, Rechtsstaatlichkeit, Frieden, Stabilität, nachhaltige integrative Entwicklung und Teilhabe an öffentlichen Angelegenheiten. Es ist die Pflicht der Staaten, das Recht auf Meinungsfreiheit und auf freie Meinungsäußerung zu achten, zu schützen und zu fördern.«

Verstöße gegen diese Leitlinien in den nationalen Politiken und Programmen der Mitgliedstaaten sollten nicht hingenommen werden. Hier sind das Parlament, der Rat und die Kommission gefordert. Wenn die Europäische Union als eine verlässlichen und ethischen Prinzipien verpflichtete Weltmacht ernst genommen werden will, müssen Politiker hinsichtlich der Einhaltung der Verpflichtungen Rechenschaft ablegen, die ihre Länder eingegangen sind. Hierzu gehören auch Verpflichtungen im Rahmen von Völkerrechtsverträgen und Erklärungen der Vereinten Nationen.

Dies beschränkt sich nicht nur auf das Territorium der Europäischen Union. EU-Delegationen und bilaterale Vertretungen müssen sich auch außerhalb der EU für diese Rechte einsetzen. Hierzu sollte es spezielle Schulungen geben, insbesondere was den Umgang mit der Verfolgung von Künstlerinnen und Künstlern angeht. Diese Schulungen sollten alle Verträge abdecken, denen die Europäische Union beigetreten ist und die die Mitgliedstaaten binden, wie zum Beispiel das UNESCO-Übereinkommen über den Schutz und die Vielfalt kultureller Ausdrucksformen. Dies ist vor allem dann relevant, wenn die Konsularabteilungen von Botschaften die entsprechenden Regelungen nicht kennen oder hoheitliche Aufgaben wie die Visavergabe an private Dienstleister vergeben wurden, was dazu führen kann, dass die Besonderheit der Situation von Künstlerinnen und Künstlern nicht angemessen berücksichtigt wird.

Die internationalen Handelsverträge der Europäischen Union und andere einschlägige Politiken, in deren Rahmen eine Vorzugsbehandlung gewährt wird, müssen sicherstellen, dass die Freiheiten und der Schutz, der in diesen Instrumenten verankert ist, auch wirksam eingefordert werden. Dies ist besonders wichtig für die Freiheit der Kunst. Auch dort, wo die entsprechenden Kriterien völkerrechtlich nicht verbindlich anerkannt wurden, muss zumindest für kontinuierliche Überwachung und Berichterstattung Sorge getragen werden. Rhetorische Bekenntnisse reichen hier nicht aus.

Schließlich sollte in allen von der Europäischen Union finanzierten Programmen ein rechtebasierter Zugang verbindlich und sichtbar gefordert werden, der auch in den Kriterien und Umsetzungsbestimmungen verankert sein müsste. Selbstverständlich müsste insbesondere in den EU-finanzierten Kulturprogrammen Wert auf einen rechtebasierten Zugang gelegt werden. Diese Fonds sollten die Sensibilisierung für die Kunstfreiheit und für kreative Wege zu ihrer Durchsetzung unterstützen und insbesondere zu ihrer Verankerung in der breiten Öffentlichkeit beitragen. Vor allem Programme zum Gewinnen von mehr Publikum sollten den Schwerpunkten der künstlerischen Freiheit und den mit ihr eng zusammenhängenden Aspekten der Förderung des kritischen Denkens und eines partizipativen Verständnisses bürgerschaftlichen Engagements verpflichtet sein.

Die offene Methode der Koordinierung (OMK) und vergleichbare Gruppierungen nationaler Ministerien (Kultur, Außenministerien, Bil-

dung und Migration; außerdem EUNIC, Eurocities, Europarat, IFACCA
u.a.) sollten die hier angeführten Themen nicht nur diskutieren, sondern
auch entsprechend handeln, jeweils für sich oder, was noch besser wäre,
in enger Abstimmung miteinander. Diese internationalen Netzwerke und
Gruppierungen, die sich über gute Erfahrungen und gelungene Beispiele
aus der Praxis austauschen, tragen zur Verbreitung von Modellen und
damit auch zur Festigung bestehender Hegemonien bei, weshalb ihnen
eine besondere Verantwortung zukommt. Der müssen sie sich stellen. Wie
lange wollen wir noch die häufig verwendete Formel beiseite schieben:
»Wenn nicht wir, wer dann? Wenn nicht jetzt, wann?«

Aus dem Englischen von Francesca Ferretti und Roland Bernecker

Anmerkungen

1   Hannah Arendt: The Origins of
     Totalitarianism, New York 1951.
2   Zygmunt Bauman: Soil, Blood and Identity.
     In: The Sociological Review, 40 (4) 1992, pp.
     675-701. https://doi.org/10.1111/j.1467-954X.
     1992.tb00407.x

3   Michel Foucault: The Meaning and Evolution
     of the Word Parrhesia in Discourse & Truth:
     the Problematization of Parrhesia, 1983/1999.
     Available at: https://foucault.info/parrhesia/
     foucault.DT1.wordParrhesia.en/

Die Freiheit frei zu sein

Von Odila Triebel

Derzeit ist viel von Krisenzeiten die Rede. Die Weltlage ist nicht erfreulich, teilweise besorgniserregend, so kam es Anfang des Jahres 2020 auf der Münchener Sicherheitskonferenz zur Sprache. Die Klimaveränderungen intensivieren Fragen der Gerechtigkeit, der Migration. Einflussreiche staatliche Akteure ignorieren rechtsbasierte multilaterale Ordnungsbemühungen. Rechtsstaatlichkeit, Gewaltenteilung und entsprechende Freiheitsräume der Zivilgesellschaft sowie Wahrung der Menschenrechte geraten weltweit unter Druck. Ökonomisch-militärisch werden Staaten nicht-liberaler Grundordnungen immer einflussreicher.

Krisen sind gleichzeitig Zeiten der Entscheidung, in denen sich etwas wenden kann. Es sind Zeiten, in denen Menschen und Gesellschaften beeinflussen können, wie sich eine Situation ändert. Genau hier könnte aber auch eingewendet werden, die Macht der Einzelnen würde überschätzt, gemeinschaftliche, materielle oder auch historische Prozesse zeitigten ihre ihnen eigenen inhärenten Dynamiken. In Zeiten postkolonialer Geschichtsaufarbeitung melden sich deswegen im Hintergrund einer solchen Diskussion als basso continuo auch solche Fragen: Mit welchem Anspruch dürfen wir, Menschen aus Ländern liberal-demokratischer Grundordnungen, für unsere Auffassungen eintreten? Verteidigen wir »nur« unsere Lebensweise? Brauchen wir dafür Partner in der ganzen Welt? Warum überhaupt »verteidigen«? Werden wir angegriffen oder stehen wir in einem sportlichen Wettbewerb der Werte? Reicht es nicht, für sie zu »werben«? Werden sich das Vernünftigste und Praktikabelste nicht systematisch ohnehin durchsetzen?

Die Frage, was wir unter Freiheit verstehen und wie wir die gegenwärtige gesellschaftliche und politische Lage einschätzen, steht deswegen derzeit im Zentrum – und mit ihr die Frage, wie wir internationale Kulturbeziehungen gestalten wollen. Die nächste Frage schließt sich dabei gleich an: Wer ist dieses »wir«? Der analytische Philosoph Kwame Anthony Appiah schrieb hierzu im Guardian (Nov 9th 2016): »A culture of liberty, tolerance and rational inquiry: that would be a good idea. But these values represent choices to make, not tracks laid down by a western destiny.«

Falsche Selbstgewissheiten

Ende Juni 2019 fand am ifa (Institut für Auslandsbeziehungen) ein deutsch-chinesisches Dialogforum zur Kulturellen Bildung statt. Wir saßen im großen Konferenzraum, der sich an der nord-westlichen Gebäudeecke befindet. Plötzlich hörten wir Lärm von draußen, Trommeln, Trillerpfeifen und rhythmisch skandierende Sprechchöre. Es war Freitag, und die Stuttgarter Fridays for Future-Demonstration nahm sich ihren Raum auf der Straße, an diesem Tag deutlich größer als an anderen, immer wieder rufend: »Wir sind hier, wir sind laut, weil man uns die Zukunft klaut!« Es dauerte eine Weile, bis die Teilnehmer aus Deutschland im »WeltRaum«, wie dieser Konferenzraum heißt, die Unruhe der Teilnehmer aus China bemerkten. Wir erklärten, mit etwas lauterer Stimme aufgrund des Lärmpegels von draußen, was da gerade stattfand. Daraufhin Schweigen. Und dann die Frage einer im Bildungsbereich sehr erfahrenen Teilnehmerin aus China: »Ihr habt keine Angst? Warum nicht?«

Zweite Szene. Im Mai 2017 veranstaltete das ifa in Brüssel unter dem Titel »Beyond ›us versus them‹ – The Role of Culture in a Divided Europe« eine Arbeitstagung zu der Frage, ob die populistischen Strömungen in Europa untereinander vergleichbar seien, was als ihre Ursachen auszumachen sei und welche Rolle Kulturzusammenarbeit zur Bearbeitung dieser Fragen spielen könnte. Ein Teilnehmer mit langjähriger Berufserfahrung auf dem Feld der kulturellen und politischen Bildung, der internationalen Verständigung und Kulturpolitik meldete sich zu Wort und sagte: »Das Problem ist, dass die Populisten Emotionen bedienen können. Wir haben da nichts entgegenzusetzen.« Nach kurzer Stille im Raum meldete sich eine andere Teilnehmerin und sagte: »Wie kommen Sie darauf? Wie wäre es mit Freiheit?« Danach entstand wieder ein Moment des Schweigens.

Was war in diesem Workshop passiert? Sind die politischen Errungenschaften der bürgerlichen Freiheiten in Vergessenheit geraten, weil es in Europa so lange politisch ruhig war? Sind rechtsstaatliche Sicherheiten so selbstverständlich, dass sie nicht mehr im Bewusstsein stehen? So wie viele Jugendliche derzeit reagieren, die zum Thema Datentransparenz nur mit den Schultern zucken und sagen, es werde schon nichts missbraucht werden und es seien ohnehin viel zu viele Daten, als dass sie sinnvoll ausgewertet werden könnten. Ist dies als Lethargie der Verwöhnten zu verstehen? Der Historiker Timothy Snyder hat vorgeschlagen, eine solche Haltung als Zeichen von Depression zu werten. Im Anschluss an das Ende des Kalten Krieges und die Vorstellung, das Gesellschaftsmodell des demokratischen Kapitalismus würde sich weltweit durchsetzen, sei diese als »Ende der Geschichte« bekannte These als Schicksalhaftigkeit und damit Statik verstanden worden. Und habe zu Gefühlen der Lähmung geführt. In seinem Vortrag im Rahmen der aktuell durchgeführten Reihe *55 Voices for Democracy*, einem Projekt am Thomas Mann Haus Villa Aurora in Kalifornien, nennt er dies das Problem einer »Politik der Unvermeidlichkeit«. Aus ihr resultierten zwei Probleme: eine Aufspaltung der Gesellschaften in diejenigen, die sich im Status quo einrichten und denen, die Alternativen formulieren wollen und sich nach Zeiten zurücksehnen, in denen man unter sich und vermeintlich ungestört von einer Vielfalt von Wertebildungen war. Daraus resultiere aber auch die Gefahr einer Depression, weil Subjekte ihr Leben nicht mehr als Ergebnis eigenen Handelns begreifen können.

Man könnte die Vorstellung vom Ende der Geschichte und damit die These der »Unvermeidlichkeit« des gegenwärtigen Zustandes vielleicht aber auch als Symptom einer Selbstentfremdung verstehen, wenn in Vergessenheit gerät, dass eine Demokratie Ergebnis täglich neuen Handelns ist. Mit Hannah Arendt könnte man sagen, wir verlieren uns selbst, wenn wir uns nicht als handelnd begreifen, als Subjekte, die die Zukunft ihres Gemeinwesens selbst mitbestimmen. Das verstand sie unter Freiheit, das meinte sie mit dem Satz, der einzige Sinn von Politik sei Freiheit. Der Mensch, der die Zukunft seines Gemeinwesens in öffentlicher Freiheit mitgestaltet, ist etwas sehr anderes als ein Mensch als Konsument oder Arbeiter in einem Staat.

Zurück zum ersten Beispiel: Die deutschen Teilnehmer erwiderten, wenn Demonstrationsfreiheit gewährt sei und wenn Demonstrierende mit ihren Anliegen gehört werden, gäbe es keinen Grund zur Sorge. Darauf die Antwort der chinesischen Gäste: »Aber es sind Kinder. Sie sind leicht verführbar.« Darauf die Teilnehmer aus Deutschland: »Aber sie müssen lernen zu denken. Wir können sie dabei begleiten.« Darauf aus China: »Wir haben aber gehört, Ihr habt auch so eine Bewegung, Extinction Rebellion. Die will Euer System abschaffen.« Da fingen wir an zu ahnen, dass einige Mitglieder der Delegation aus China von ihrem Trauma der Kulturrevolution sprachen.

Wettbewerb von Legitimationsstrategien

Es gibt derzeit einen internationalen Wettbewerb von Legitimationsstrategien. Die Literaturwissenschaftlerin Sigrid Weigel hat zu Recht darauf hingewiesen, dass man ihn nicht, wie derzeit in Deutschland weit verbreitet, einen Wettbewerb der Narrative nennen sollte. Der Begriff Narrativ kommt nämlich aus den Literaturwissenschaften und beschreibt die Tatsache, dass Begriffe historisch und diskursiv konstruiert sind. Er relativiert sie also, indem er ihre Bedeutungsverfahren historisiert. Es gibt noch ein weiteres Gegenargument. Selbst wenn man mit diesem Begriff darauf hinweisen möchte, dass man sich Werte gemeinsam aneignen muss (unter anderem in einem gemeinsamen »Erzählen«), ist der Begriff des Narrativs dafür nicht geeignet, da Wertehaltungen nicht allein diskursiv entstehen. Die Überzeugung der OECD-Länder, Fortschritt und Wohlstand gäbe es nur durch bürgerliche Freiheiten, kann nicht primär als »Erzählung« Partner gewinnen. Und sie steht vor großen internationalen Herausforderungen, wenn die Mündigkeit des Einzelnen im dominanten Selbstverständnis einer Gesellschaft nicht im Zentrum steht und autoritäre Führer Prosperität mit geschlossenen Wirbildungen versprechen.

Hannah Arendt erinnerte daran, dass Rebellion zunächst Befreiung anstrebt, das Ziel einer Revolution aber die Begründung von Freiheit sei. Zur Freiheit des Handelns, verstanden als Beteiligung an öffentlichen Angelegenheiten, gehört die Konstitution einer neuen Ordnung und eine Freiheit von Not. Daraus folgen soziale Grundsicherungen ebenso wie die Bereitschaft, mit viel Diskussion und Dissens Kompromisse zu suchen. Das bedeutet, Entscheidungen nicht allein Technokraten zu überlassen, sondern möglichst viele zur Teilhabe zu befähigen. Arendt erinnerte auch daran, dass sehr viele Revolutionen scheiterten und dass keine Revolution unumkehrbar ist. Vor diesem Hintergrund lässt sich erkennen, was für ein Geschenk dieses Europa ist. Was für eine Ausnahme in der Geschichte der Menschheit.

Gefordert ist, die kulturellen Grundlagen dieses gesellschaftlichen Glücks zu kennen. Und sie bei aller Wertschätzung durch kritische Betrachtung in hypothetischem Abstand zu eigenen Überzeugungen zu halten. Nur das hält Freiheit beständig. Nur das erlaubt es, Heterotopien zur Gegenwart zu entwickeln, wo es nötig ist. Dieses Verständnis von Politik und Freiheit ist sowohl historisch als auch rational begründet und hat trotzdem (immer noch) mitlaufende implizite »Hintergrundannahmen«. Diese jedoch in den kulturellen Traditionslinien von Christentum oder

Abendland zu verordnen, ist problematisch: Es schließt andere Quellen aus, homogenisiert Diskurslinien und bedenkt die eigenen kulturgeschichtlichen Brüche nicht mit.

Es ist deswegen nur folgerichtig, wenn eine kulturpolitische Maßnahme wie eine Delegationsreise im Juli 2017 zu »Luther 2017 – 500 Jahre Reformation in Deutschland« vor allem zu Ausstellungen führt, die die Reformation in ihren historischen Kontext stellen und dabei die Art und Weise selbst, wie jeweils Jubiläen begangen und welche Lutherbilder damit konstruiert wurden, historisieren. Die Freiheit des Denkens, die Kritik und Konstruktion nachvollzieht und einen Balanceakt zwischen Teilnehmer- und Beobachterperspektive meistert, ist eine sehr wertvolle kulturelle Ressource. Wenn bei einer solchen Begegnung auch noch die erste Übersetzung von Luthers Text »Von der Freiheit eines Christenmenschen« ins Spanische unterstützt wird, fördert das weitere interkulturelle Diskussion. Ebenso wenn unter den Teilnehmern Hugo Balls kritische Analyse von Luthers Staatsverständnis bis zu Hegels absolutwerdendem Staat auf der Grundlage eines Denkens, das sich schwer tut mit Beziehung und Vergemeinschaftung, zur Sprache kommen darf. Das Konzept und die Idee vom Individuum und eine politische Philosophie des Individuums sind von selbstkritischer Diskussion nicht ausgenommen. Dass das Geschehen darf, ist Freiheit.

Das ist sehr voraussetzungsreich, und es setzt einen hohen Bildungsgrad voraus. Was folgt aber daraus? Zunächst einmal Demut: Das Eingestehen, jeweils nur ein eingeschränktes Wissen über andere Kulturen zu haben. Dann die Selbsterkenntnis, aus einer dialektischen Kultur zu stammen: einem Denken in Alternativen statt in dynamischen Wechselbeziehungen. Zu erkennen und zu verstehen, wie eigene Haltungen systemische Beziehungen mitgestalten. Nicht jede Rebellion schon für Freiheit halten. Eingestehen, dass zur Freiheit auch Sicherung materieller Grundbedürfnisse gehört. Daraus folgt nicht, Andere einfach nur anders sein zu lassen. Daraus folgt auch nicht, dem eigenen System nicht mehr zu trauen. Daraus folgt nicht, sich als normative Superpower zu überschätzen. Daraus folgt nicht, im Ausland primär unter dem Gesichtspunkt der Zustimmung des eigenen Wahlkreises seine Stimme zu erheben. Daraus folgt nicht, das eigene System im Ausland mit der Rhetorik eines neuen kalten Krieges zu verteidigen. Was daraus folgt, ist Verständigungsarbeit.

Der Politikwissenschaftler Jan-Werner Müller beschreibt die Kernmerkmale einer Demokratie als substanzielle Wahlmöglichkeiten, Diskussionen über tatsächliche Handlungsalternativen, Entscheidungen, die als revidierbar verstanden werden. Dazu gehören politische Grundrechte, Medienpluralismus, effektiver rechtlicher Schutz dieser Infrastruktur. Wie kann man mit diesem Freiheitsverständnis in einen interkulturellen Dialog treten, der selbst nicht diesen Grundlagen verpflichtet ist, in Kontexten, die ihm nicht entsprechen?

Internationale Kulturbeziehungen finden in vorpolitischen Räumen statt, sie dienen dem Beziehungsaufbau, dem Offenhalten von Dialogen auch in politisch schwierigen Zeiten. Sie können nicht funktionieren unter dem starren Primat, die eigene liberaldemokratische Grundordnung zu schützen. Dann sind sie nicht frei: Denn sie erzeugen systemische Konkurrenz, die sie im Gegenzug auf die Defensive verkürzt. Sie gelingen nur als Lernprozesse, die den Beteiligten einleuchten, sie gelingen nur, wenn sie in Gesellschaftsprozesse und gemeinsame Interessen eingebunden sind.

Entscheidend ist deswegen das Wie: Nicht als normative Supermacht auftreten, sondern mit Nachfragen. Sorge vor Machtkonzentration äußern, weil ein System von *check and balances* für uns nicht erkennbar ist. Nach den Erfahrungen von Minderheiten fragen. Nach Rechtsprinzipien, die Willkür vermeiden. Gibt es faire Rechtsverfahren? Und dann auch Zuhören, wenn es heißt, einen Bürgerkrieg zu vermeiden im bevölkerungsreichsten Land der Erde sei ein berechtigtes Anliegen. Nie wieder so etwas wie die Kulturrevolution zuzulassen auch. Zuhören, was es bedeutet, innerhalb weniger Jahrzehnte Modernisierungserfahrungen gesellschaftlich zu verarbeiten, für die die Länder des Westens seit der industriellen Revolution mehrere Jahrhunderte Zeit hatten. Die Ungleichzeitigkeiten einer Gesellschaft vergegenwärtigen, von analphabetischen Bergbauern über Wanderarbeiter bis hin zu KI-Spezialisten. Sich fragen lassen, wie wir denn in einem solchen Land Korruption anders als digital bekämpfen würden. Sich sagen lassen, wie es denn um die Digitalüberwachung der NSA bestellt sei und dass sich in den USA erweisen müsse, ob sich die Demokratie selbst korrigieren kann. Sich fragen lassen, wie es denn um die Menschenrechtssituation im Mittelmeer bestellt sei. Sich sagen lassen, dass man den Slogan des ifa, das »ifa verändert«, als aggressiv empfinde. Sich erzählen lassen von anderen Traditionen der Selbstkultivierung... Der kürzlich verstorbene Kulturwissenschaftler Georg Steiner sagte, Denken sei wie tanzen, eine unaufhörliche Bewegung. Er sagte auch, dass es traurig sein könne. Es hat nämlich kein Ende. Ganz gewiss ist es immer wieder sehr anstrengend.

Zukunft verhandeln

Jürgen Habermas hat Ende 2019 auf 1.700 Seiten eine Geschichte des westlichen nachmetaphysischen Denkens aufgezeichnet, in dessen Zentrum der Begriff der vernünftigen Freiheit, der Freiheit von Individuen, die sich kommunikativ vergesellschaften, steht. In einer Rezension dieses Werkes in der ZEIT gibt der Philosoph Michael Hampe zu bedenken, dass sich diese Freiheit mit einem in der Welt immer kleiner werdenden Europa erübrigen könnte. Wäre dies aber nicht eine neue Variante einer Politik der Unvermeidlichkeit? Es ist bestimmt eine große Frage, wie in einer Welt mit einer wachsenden Zahl an Interessenkonflikten und ungleicher Ressourcenverteilung von einem generalisierbaren Verständnis von Freiheit gesprochen werden könnte. Es wird nur gehen, wenn in ihrem Verständnis Kritik und Selbstkritik mitaufgenommen sind. Und trotzdem sind die kulturellen Traditionen, die das Individuum nicht in den Mittelpunkt stellen, die große Herausforderung der Zukunft.

Vielleicht gab es einen Fortschritt an Freiheit, Gerechtigkeit und Solidarität in den letzten 2000 Jahren der Geschichte der Menschheit. Zumindest im Sinne eines Weniger an Tribalismus und Militarismus. Trotzdem sind die Ungleichheiten nach wie vor zu groß, als dass sie nicht destabilisierend wirken. Es besteht jederzeit die Gefahr, dass es Rückschritte gibt. Klimaveränderungen und die entsprechend notwendigen Lebensstilanpassungen stellen neue Herausforderung dar. Ganz aktuell während der Redaktion dieses Textes stellt sich die Frage, wie viele Freiheitsrechte zur Bekämpfung einer Pandemie notwendig und rechtfertigbar sind. ZHAO Tingyang, einer der einflussreichsten zeitgenössischen Philosophen in China, weist darauf hin, dass das Potenzial systemischer Gewalt, das in den Schlüsseltechnologien von Kommunikationsinfrastruktur, Datenverarbeitung und Bioengineering enthalten ist, als Weltgemeinschaftswohl zu regeln sei. Darüber muss man in Diskussion kommen.

Es geht in dieser Situation darum, nicht erneut in ideologische Spaltungen wie im Kalten Krieg zu verfallen, sondern dieses gemeinsame Ringen nach nachvollziehbarer kooperativer Regelsetzung immer wieder anzuregen. Nicht nur, weil in der sich möglicherweise gerade entwickelnden G2-Welt Europa vermutlich eine Mittlerrolle zukäme, Europa sich selbst wohl sogar eigenständig vertreten muss. Sondern vor allem auch, weil nur ohne Spaltungen konstruktive Beziehungen ermöglicht werden können. Internationale Kulturbeziehungen, verstanden als so etwas wie Bewusstseinsarbeit, sind konstruktiver als im Verständnis einer Systemkonkurrenz. Sie eröffnen Chancen. Denn der Soziologe Emil Dürkheim war der Auffassung, dass allein Kooperation solidarisiert. Und gemeinsames Lernen.

Internationale Kulturbeziehungen wären also zu verstehen als notwendige Arbeit an einer globalen Vergesellschaftung. Als gemeinsame Lernprozesse. In sicheren Räumen der Begegnung. In ergebnisoffenem Dialog. Mit der Absicht zur Kooperation. Es ginge um Teilhabe an interkultureller Erfahrung und damit auch um die Ermöglichung der Erfahrung von Freude an kultureller Vielfalt für Viele. Es geht gleichzeitig und nicht minder wichtig darum, eine Kakophonie der Missverständnisse in konstruktive Melodien zu verwandeln. Dafür sind Infrastrukturen nötig, die die Konzeption von Austauschprozessen durch professionelle Mittler ermöglichen, unter Bezugnahme auf professionelle Kulturexpertise.

Nun mag man einwenden: Im Dialog mit manchen Staaten ist man niemals allein im Raum? Ja. Muss man angesichts von Cyber Attacken, Fake News und Überwachung den gesellschaftlichen Raum für freie Willensbildungsprozesse mit robusten Institutionen, Regeln und Technologien schützen? Ja. Bestimmt. Aber trotz Bedrohung durch Überwachung einerseits und notwendige Sicherheitsmaßnahmen andererseits darf auf Freiheit nicht verzichtet werden. Auf Austausch und Begegnung zu setzen, ist dabei nicht naiv. Um das zu veranschaulichen nutzt ein Gedankenspiel: Wie lange hätten wir noch die Freiheit, uns überhaupt derlei Gedanken zu machen, wenn wir uns jetzt nicht die Freiheit nehmen, hierüber immer wieder neue Diskussionen anzustoßen? Haben wir also langfristig eine andere Chance, als diese Freiheit des gemeinsamen Denkens und Lernens jetzt und täglich neu zu ergreifen? Wenn »Chance« heißt, Möglichkeiten zu haben und damit Zukunft, dann lautet die Antwort: nein. Aber eben nicht, weil das Gesellschaftsmodell der demokratischen Freiheit alternativlos ist. *Sondern weil wir im gegenwärtigen Europa die Freiheit haben frei zu sein.* Deswegen können wir Fragen stellen. Deswegen können wir Schutzraum gewähren. Wir sollten das aber nicht tun im Glauben, dass es nur eine Vernunft gäbe, denn Vernunft erweist sich allein im Gebrauch der Vernunft. Wir sollten es tun in dem Wissen und der Erfahrung, dass es nur eine Menschheit gibt. Eine Menschheit, die zusammen denken muss, um gemeinsam leben zu können.

Laboratorien der Subjektivität

Von Bernd Scherer

Vor einigen Monaten nahm ich an einem Gespräch zwischen Rektorinnen und Rektoren von Kunsthochschulen sowie einer Wissenschaftsministerin über die Rolle von Zielvereinbarungen an Kunsthochschulen teil.

Unser Ziel bei dem Gespräch war es, die Diskussion über Ziele und Entwicklungen von Kunsthochschulen von der Zuordnung zu Budgets zu entkoppeln.

Die Ministerin selbst war übrigens nicht für die Einführung dieses Instruments verantwortlich, und sie erwies sich in diesem Gespräch als äußerst kompetente und kooperative Person. Als sie das Problem aus ihrer Sicht skizzierte, betonte sie, dass die Abgeordneten im Parlament immer wieder darauf verwiesen, dass die Kunsthochschulen ihr Geld doch von ihnen, den gewählten Parlamentariern bzw. dem Steuerzahler, bekämen und deshalb eine gesellschaftliche Verantwortung hätten, der sie sich stellen müssten.

In diesem Sinne solle das Ministerium die Kunsthochschulen besser kontrollieren und steuern. Der Hinweis auf die Autonomie der Kunsthochschulen, den das Ministerium in der Vergangenheit immer wieder eingesetzt habe, sei da nicht mehr ausreichend.

Hier zeigt sich ein zentrales Problem des Diskurses, nämlich die Bedeutung des Verständnisses von Autonomie und Freiheit: Für beide Seiten, für das Ministerium wie für die Parlamentarier, ist die Autonomieforderung zur Leerformel geworden.

Der entscheidende Punkt ist folgender: Die gesellschaftlicher Rolle von Kunst- und Kulturinstitutionen, zu denen auch die Kunsthochschulen gehören, besteht gerade darin, dass diese Institutionen als Freiheitsräume definiert sind, die es sonst in der Gesellschaft nicht gibt. Es sind Räume, in denen ein Handeln der Akteure gerade nicht funktional im Hinblick auf das Erreichen bestimmter Zwecke gefordert wird, sondern die ganz bewusst der Entfaltung von Subjektivität dienen.

Wird dies als conditio sine qua non erst einmal akzeptiert, kann dann sehr wohl die Forderung gestellt werden, dass diese Institutionen in die Gesellschaft zurückstrahlen, sich in ihr artikulieren.

Warum ist das emanzipatorische Projekt der Entfaltung von Subjektivität heute in der Krise bzw. In Gefahr? Und warum spielen Kunst- und Kulturinstitutionen so eine wichtige Rolle bei der Verteidigung und Fortschreibung dieses Projektes?

Zunächst muss festgehalten werden, dass das emanzipatorische Projekt der Entfaltung von Subjektivität kein neoliberales Projekt ist. Unter Subjektivität verstehe ich keine atomistische Einheit im Sinne des neoliberalen Individuums, sondern ein relationales Konzept: Subjektivität entfaltet sich in Interaktionen mit Anderen.

Allerdings gibt es Grenzen dieses Prozesses: Es ist nicht möglich, mit allen lebenden Individuen in der Welt zu interagieren. Dies ist eine räumliche Begrenzung. Aber es ist auch nicht möglich, mit allen Vorfahren in einer Konversation zu sein. Dies ist eine historische Begrenzung.

Es gibt zwei Wege, diese anthropologischen Begrenzungen zu kompensieren. Der eine ist es, eine Vergangenheit zu konstruieren, die auf Kultur, Religion oder Rasse basiert. Es handelt sich dabei um das Einfrieren eines ganzen Bereiches von Handlungen entweder religiöser, kultureller oder biologischer Art, die selbst nicht mehr ausagiert werden können und deshalb im Diskurs bzw. der Auseinandersetzung als gegeben vorausgesetzt werden. Dies führt zu einem identitären Diskurs.

Der zweite Weg besteht im Verweis auf die Zukunft. Es handelt sich um eine universalistische Position, die nur potenziell in der Gegenwart realisiert ist.

Neben den anthropologischen Beschränkungen der Subjektivitätsentfaltung gibt es politische, die auf Machtasymmetrien zurückzuführen sind.

Ambivalenz von Kunst und Kultur

Und hier spielen Kultur, Religion und Rasse eine ambivalente Rolle. Auf der einen Seite werden diese von Machthabern benutzt, um ihre Macht zu legitimieren: Sie beanspruchen für sich, entweder durch die Natur, eine Religion oder aber eine bestimmte Form von Kultur als Machthabende auserwählt zu sein.

Im Hinblick auf das Emanzipationsprojekt bedeutet dies, dass die so legitimierten Mächtigen für sich in Anspruch nehmen, die Freiheitsräume, die Möglichkeit subjektiver Entfaltung ihrer Untergebenen einzuschränken.

Aber dieselben Kategorien können auch von den Unterdrückten gegen ihre Unterdrücker in Anschlag gebracht werden und sind dann aus meiner Perspektive gerechtfertigt. Dies ist z.B. der Fall, wenn eine Kolonialmacht unter Berufung auf eine kulturelle oder religiöse Identität bekämpft wird.

In diesem Fall akzeptiert das jeweilige in den Kampf verstrickte Individuum aus seinen Beziehungen zu seiner Community (s.o. relationale Subjektivität) heraus Einschränkungen seiner Subjektivität im Namen des gemeinsamen Kampfes gegen einen Unterdrücker. Es delegiert Teile seiner Subjektivität in der Hoffnung an die Gruppe, dass die Spielräume nach einem erfolgreichen Kampf größer werden. Dies gilt natürlich nicht nur im kolonialen Kontext, sondern auch im Zusammenhang gegenwärtiger gesellschaftlicher Auseinandersetzungen: Problem ist heute genau dies, dass in den individualisierten westlichen Demokratien keine gemeinschaftlichen Bindungselemente mehr vorhanden sind.

Eine alternative Strategie, um diesen Machtasymmetrien zu begegnen, ist die Schaffung von Institutionen. Sie können einen Zwischenraum zwischen einzelnen Subjekten und anderen Großakteuren wie Staaten oder auch global agierenden Wirtschaftsunternehmen definieren. Sie können dabei Freiräume definieren, die die Grundlage für subjektive Entfaltung ermöglichen. Dies ist nur möglich, indem sie teilweise von den subjektiven Perspektiven abstrahieren und sie damit objektivieren.

Hierbei handelt es sich natürlich nicht um eine Erfindung der Moderne.

Moderne Institutionen beziehen ihre Legitimität allerdings aus der Tatsache, dass Individuen teilweise ihrer Objektivierung zustimmen, um Freiheitsmöglichkeiten in anderen Bereichen sicherzustellen.

Ein Beispiel: Jemand wird Gewerkschaftsmitglied. Dabei akzeptiert er bestimmte Regeln der Gewerkschaft, d.h. er gibt Teilbereiche seiner Freiheit auf, da ihm die Gewerkschaft auf der anderen Seite Arbeitssicherheit und ein akzeptables Einkommen verspricht.

Worin besteht die Übereinkunft bei Kunsthochschulen? Meine Antwort wäre: Die Gesellschaft stellt via Institution den Beteiligten einen Freiraum zur subjektiven Entfaltung zur Verfügung – mit der Erwartung, dass die sich dabei entfaltenden Prozesse in die Gesellschaft rückwirken.

Die Probleme moderner Institutionen bestehen im wesentlich darin, dass es ihnen nicht mehr gelingt, Antworten auf die Transformationsprozesse zu finden, mit denen sich heutige Gesellschaften konfrontiert sehen.

Diese Prozesse werden von einem digitalen Kapitalismus in Verbindung mit neuen Formen von Technologie und Wissensproduktion angetrieben:

— Nationalstaaten wie Griechenland verlieren ihre Souveränität und können die Lebensgrundlagen ihrer Bürger nicht mehr sichern.
— Gewerkschaften verlieren an Macht und Einfluss, weil sich das Kapital mehr und mehr globalisiert.
— In den Universitäten verlieren die Disziplinen an Relevanz, da ihre Form der Wissensproduktion den sich immer schneller verändernden Welten nicht mehr gerecht werden kann. Die Zeitdimension von Wissensproduktion und Realitätsproduktion driftet auseinander.

Die Institutionen der Moderne werden zunehmend ersetzt durch Institutionen einer digitalen Welt, die deren Schwächen scheinbar kompensieren, indem sie lokale, regionale und nationale Grenzen transzendieren: Facebook verbindet Individuen global. Die Suchmaschine Google stellt Wissen aus allen Zeiten zur Verfügung.

Doch wir bezahlen einen hohen Preis für diese neu gewonnenen Entgrenzungen. Die Maschinen dieser neuen Akteure entziehen Menschen ihre Subjektivität und transformieren sie in atomisierte Individuen.

Individuen, die den »like button« drücken, interagieren nicht wirklich mit anderen Menschen. Statt Meinungen, Überzeugungen, Weltsichten in einem realen Dialog zu artikulieren, vollziehen sie den Knopfdruck quasi wie ein »natürliches« Ereignis. Der biologische Ausdruck »going viral« ist in diesem Zusammenhang durchaus wörtlich zu nehmen.

Die Strategie des »Datamining« entwickelt dies noch einen Schritt weiter. Subjektive Erfahrungen, Kenntnisse etc. werden in Daten übersetzt, um sie anschließend auf dem Markt zu verkaufen.

Im Rahmen neuer Wissensökonomien werden Menschen auf ihre Rollen als Produzenten und Konsumenten reduziert und durch Daten mediatisiert, die durch die großen Tec-Unternehmen vermarktet werden.

Worin aber könnten die Gegenstrategien zur Maschinenwelt der Algorithmen bestehen? Wie lassen sich alternative Zukuntsszenarien entwickeln?

Um eine adäquate Antwort auf diese Frage zu geben, lohnt es sich vor Augen zu führen, was mit Zukunft gemeint ist. Zukunft wie ich sie hier verstehe, ist nicht ein Zeitabschnitt, der in zehn, 20 oder 100 Jahren beginnt, sondern findet sich schon in der Gegenwart.

Aber sie findet sich nicht im Zentrum der Entwicklungen, nicht in den Megatrends sondern, wenn man so will in »the shadows of the present«, in den Schatten der Gegenwart, an den Peripherien.

Was damit gemeint ist, möchte ich an drei Positionen von Künstlerinnen und Künstlern erläutern, die zur Zeit mit uns an der Entwicklung des Projektes »Das neue Alphabet« arbeiten.

1. Alexander Kluge

In Gesprächen verweist Kluge oft darauf, dass ein wesentlicher Aspekt des Erfolgsmodells von Apple in der Exploration eines Sinnes liegt, der in der Moderne lange nicht beachtet wurde, nämlich des Tastsinns.

Die Erkenntnis, welche Lustsignale die Fingerkuppen beim Berühren bei der Benutzung der Maus oder beim Steichen über den Touchscreen aussenden, machen darauf aufmerksam, welche sensorischen und kognitiven Möglichkeitspotenziale sich über den Körper erstrecken, die es zu entdecken und zu entfalten gilt. Ausgehend von dieser Grundüberlegung führt Kluge ein Spektrum an Möglichkeiten aus:

»Die menschlichen Wesenskräfte sind vielgestaltiger als wir meinen. Sie wären auf Grund ihrer Vielstimmigkeit in der Lage, einen Turm von Babylon zu bauen, der nicht umfällt: und zwar zunächst im Subjekt selbst, in unserem Inneren. Die menschlichen Wesenskräfte sind ein Ausdruck für die Architektur der Subjektivität. Blicken wir auf die Hände einer Hebamme. Mit dem Tastgefühl der Fingerspitze dreht sie das Kind, das im Mutterleib falschherum liegt, sanft und machtvoll in die richtige Richtung. So kommt das Kind zur Welt. Die Hände dieser Frau besitzen Feinsteuerung (auch die des Uhrmachers, auch die der Liebenden).

Was sind dagegen die plumpen Säbelhiebe des Verstandes, der seine Logik verwaltet.

In einem ganz anderen Status: die Intelligenz der Fußsohle. Sie sitzt lebenslänglich eingekerkert im Schuh. Aber wie lebendig und für das Überleben notwendig

waren die Sinnlichkeit des Fußes für unsere Vorfahren, die Sammler und Jäger.
Sie hatten Kenntnisse, die kein digitales System begreift.

Wirklichkeitsdurchbrechend auch das Zwerchfell. Wenn ein mächtiges Regime
sich aufplustert, wenn die Tage feierlich ernst und grausam werden, dann erfasst
diesen Muskel ein ununterdrückbarer Lachreiz. Der im Zwerchfell versteckte Par-
tisanen-Sinn ist Garant, dass Tyrannen nicht länger herrschen als zwölf Jahre.«

2. Fehras Publishing Practices

Mit der Entwicklung der digitalen Sprache geht die Durchsetzung mit
»Globisch«, einem globalen Englisch als einer Form von Hegemonial-
sprache einher. So hat sich im Bereich der Kunst eine globale Kunstspra-
che etabliert, die Diskurse und Praktiken von Institutionen und Künstler
mitprägt. Ihre Terminologien, Syntax, Referenzen und Codes definieren
das System Kunst wesentlich mit.

   In diesem Kontext gewinnt die Praxis der Übersetzung eine stra-
tegische Bedeutung. Der globalen hegemonialen Sprache stehen lokale Spracherfahrungen gegenüber, die unter Homogenisierungs- und
Standardisierungsdruck geraten. Übersetzen wird ein Aushandeln von
Machtasymmetrien zwischen hegemonialen und lokalen Sprachen.

   Im Rahmen der »The New Alphabet School« installierte Fehras Pub-
lishing Practices im Haus der Kulturen der Welt ein lexikographisches
Labor, das sich der Entwicklung eines »Glossars für globale Kunsttermi-
nologien« widmet und ihre Unübersetzbarkeit verhandelt.

   Die Praxis des Sammelns, Beobachtens und Kategorisierens soll
im Labor als Methode der Transformation der Sprache dienen, um die
strukturellen Machtverhältnisse, die der Übersetzungspraxis globaler
Kunstdiskurse innewohnen, aufzudecken, verhandelbar und damit trans-
formierbar zu machen.

Durch verschiedene Arbeitsprozesse wie das Anlegen eines Archivs für
Wörterbücher und Kunstlexika, das Sammeln von (un)übersetzbaren
Terminologien und Formulierungen, die Suche nach historischen und
aktuellen Übersetzungserfahrungen aus verschiedenen Sprachkultu-
ren, werden die Teilnehmerinnen und Teilnehmer der New Alphabet
School zu Lexikografen. Die neuen Einträge des Glossarvorhabens machen performativ verschiedene Formen wie Texte, Bilder und Videos
sichtbar.

3. *Filipa César*

Um Gegenstrategien zum Absorptionsmechanismus der Algorithmen und des digitalen Kapitalismus zu entwickeln, knüpfen Künstlerinnen und Künstler wie etwa Filipa César an Strategien des antikolonialen Kampfes an, die die Unterdrückungs- und Ausbeutungsmechanismen der Kolonialmacht subversiv unterlaufen. Nach Filipa César lässt sich von Amilcar Cabral lernen, wie man sich die hegemoniale Sprache aneignen und zur eigenen Nutzung umcodieren kann.

So nutzte Cabral in Portugiesisch-Guinea seine agronomischen Studien in Portugal, um Ausbeutungsmechanismen von Land und Boden durch die Kolonialherren durch Recodierung agronomischen Textwissens in seinem Widerstandskampf adressieren zu können.

Neben einer De- und Recodierung der hegemonialen Sprachen etablierten bzw. erhielten sich in Guinea-Bissau aber auch Formen eines eigenen Alphabets in den Webepraktiken der Frauen, dem die Rolle einer Geheimsprache zukam, die die Kolonialmacht nicht beherrschte. Sie ermöglichte eine eigene, von der Hegemonialmacht nicht kontrollierte Kommunikation zwischen den Unterdrückten. In Berlin rief César nun im Rahmen von »Das Neue Alphabet« des Hauses der Kulturen der Welt mit Frauen aus Guinea-Bissau ein Projekt ins Leben, das die Praxis der Entwicklung von Codes, aber auch der Einführung von Fehlern in bestehende Codes mit den Besuchern einübt. Dabei werden Textilien zu Text. Der Strategie liegt die Logik zugrunde:
«Error is displaced data, poison displaced substance, dirt displaced matter.«
Der Webraum wird zum Trainingscamp:
«into the subversive potency of computational weaving against the engineering of extractive epistemologies«.

Auf der Basis dieser Analyse und der genannten Beispiele würde ich argumentieren, dass die neue Herausforderung für das emanzipatorische Projekt von Subjektentfaltung in Kunst- und Kulturinstitutionen in den neuen Formen des digitalen Kapitalismus besteht. Da diese permanent subjektive Artikulationen in objektivierte und damit kommerzialisierbare Daten transformieren und sich dabei die in sozialen Beziehungen artikulierenden Subjekte in atomisierte Individuen verwandeln.

Die Herausforderung lässt sich so beschreiben: Es ist uns gelungen, Instrumente und Technologien zu entwickeln, die es uns erlauben, bisherige Grenzen zu überschreiten und auf einer globalen und sogar planetarischen Ebene zu agieren. Es ist uns aber bisher nicht gelungen, Institutionen zu schaffen, die es uns erlauben, ein humanes Leben auf diesem Level zu führen. Aber genau dies muss das Ziel sein: dass Kunst- und Kulturinstitutionen angesichts einer digitalen Welt Counter-Spaces zur Verfügung stellen, die den Akteuren erlauben, im Sinne sich sozial entfaltender Subjektivitäten, Gegenwelten zu entwickeln.

Angriff von rechts

Von Gerhart Baum

Auch die Politik muss sich für die Kunst und ihre Freiheit einsetzen. Denn warum Kulturpolitik? Kunst braucht verlässliche Rahmenbedingungen, um sich entfalten zu können. Sie braucht Planungssicherheit. Bereits 1975 gab es den Aufruf »Kunst ist kein Luxus« vieler Prominenter in Deutschland, bei dem mehr als 100.000 Unterschriften zusammenkamen. Kunst ist keine Sache für Schönwetterzeiten und mit einer Subvention, die immer mal wieder zur Disposition gestellt werden könnte. Eine Gesellschaft ohne die kreativen Kräfte der Kunst würde veröden, wäre nicht zukunftsfähig. Kunst muss feste dauerhafte Strukturen haben und nicht von der Hand in den Mund leben müssen.

Kunst braucht Künstlerinnen und Künstler. Sie dürfen nicht zur Selbstausbeutung gezwungen und in prekären Einkommenssituationen allein gelassen werden. Schon 1975 veranlasste die Bundesregierung eine Enquete über die soziale und berufliche Lage der Künstler. Das Bundeskabinett verabschiedete ein Programm zur Verbesserung ihrer sozialen und beruflichen Lage. Die Künstlersozialversicherung war ein Ergebnis dieser neuen Politik.

Kunst braucht Förderung. Das Grundgesetz sieht darin einen Auftrag, um dem Postulat, Kulturstaat zu sein, gerecht zu werden. Kunst entspricht oft nicht dem Mainstream gesellschaftlichen Interesses. Aber sie ist auf die Zustimmung der Mehrheit angewiesen – auch in den Parlamenten. Wenn das Geld knapp wird, kommt sie oft zuerst unter die Räder. Kulturförderung heißt, dass sie auch dann geleistet werden muss, wenn die Kunst nur die Interessen einer Minderheit bedient. So sagt es die ständige Rechtsprechung des Bundesverfassungsgerichts. Also: Kunst muss vor Zensur geschützt, aber auch gefördert werden. Sie ist eben unverzichtbar für die Fortentwicklung einer Gesellschaft.

Nicht nur die Politik, auch die Gesellschaft insgesamt muss sich für Kunst einsetzen. Sie muss die Angebote annehmen, Partei ergreifen und sollte sich bewusst sein, dass Kunst ein Gradmesser für die Demokratiefähigkeit einer Gesellschaft ist und wichtiges Potenzial für den dringend notwendigen gesellschaftlichen Zusammenhalt bedeutet.

Die Lage der Kunst wie der Kunstschaffenden hat sich seit 1975 in Deutschland maßgeblich verbessert – aber es ist noch lange nicht genug.

Heute ist ein Plädoyer für die Freiheit der Kunst sogar notwendiger denn je. Kunst braucht Freiheit! Und unser Grundgesetz garantiert ihr diese. Wir haben heutzutage besonderen Anlass, diese Freiheit der Kunst zu verteidigen. Angriffe auf die Kunstfreiheit gab es immer. Heute aber hat sich etwas verändert.

Kunst als Kampffeld

Im Januar 2020 haben sich 60 Theater-und Orchesterintendanten auf ihrem Jahrestreffen gegen den Druck gewehrt, den die AFD zunehmend auf die Kultureinrichtungen auszuüben versucht. Ulrich Khuon, Präsident des Deuten Bühnenvereins, hat von einer »verachtenden Position gegenüber der Aufgabe der Kunst« gesprochen.

Unter dem Titel »Die neue Rechte hat Kultur als Kampffeld entdeckt« veröffentlichte DIE ZEIT im August 2019 eine umfangreiche Dokumentation. Eine weitere Dokumentation haben die »Süddeutsche Zeitung« gemeinsam mit der ARD veröffentlicht, ebenfalls im August 2019. Dieser »Kulturkampf von rechts« ist Teil des erschreckenden Erstarkens von Rechtsextremismus. Eine rechte Partei macht sich zum Sprachrohr eines dumpfen kunstfeindlichen Populismus, der leicht zu mobilisieren ist. Wenn einige die zeitgenössische Musik brauchen – so höre ich zum Beispiel – dann sollen sie doch die Musiktage Donaueschingen oder das Festival »Ultraschall« in Berlin selbst finanzieren. Bei der Bewertung von bildender Kunst spürt man mitunter die Verachtung, die Nazis Künstlern entgegengebracht hatten, wenn deren Kunst, wie sie meinten, »entartet«, »aus der deutschen Art geschlagen« war.

Angriffe gegen die Kunstfreiheit erfolgen heute flächendeckend in den Parlamenten auf allen staatlichen Ebenen, von Nord bis Süd, von der Provinz bis in die Metropolen. Versucht werden Einschüchterung und Kürzung von Fördermitteln mit dem Argument und Ziel, Kultur »müsse die Nation stärken«. Der Intendant Ulrich Khuon mache »Gesinnungs- und Propagandatheater«. Vor dem Schauspielhaus Dresden gab es Plakate mit der Parole »Kein Cent für politische Kunst«.

Kunst aber ist immer politisch, am Puls der Zeit, wie schon Schillers »Räuber« oder heute Helmut Lachenmanns Oper »Das Mädchen mit den Schwefelhölzern«. Man lese nur Schillers berühmte Rede über »Die Schaubühne als moralische Anstalt«, in der er die Wirkungsmacht der Kunst beschreibt: »Humanitas findet im Theater ihre Form«. Kunst hat den Anspruch, die »condition humaine« zu verbessern. Sie ist, wie Flaubert sagte, eine »subventionierte Revolte«.

Gerade in Zeiten, in denen die Welt politisch aus den Fugen gerät, kann Kunst Brücken bauen. Kunst ist in ihrer DNA nicht engstirnig national, sondern weltoffen weit. Sie ist ein Anker in den Stürmen der Zeit. Sie führt weg von einem »Kosmopolitismus mit der Zipfelmütze«, wie Thomas Mann das nannte. Heute wollen in Deutschland einige am liebsten zum »Stammesfeuer« zurück, anstatt sich den kosmopolitischen Herausforderungen zu stellen.

Wir dürfen nicht zulassen, dass die Kunst einem Neutralitätsgebot unterworfen wird. Sie ist niemals neutral – insbesondere dann nicht, wenn es um die Grundwerte unserer Gesellschaft geht. Wir dürfen nicht zulassen, dass Politiker auf künstlerische Inhalte Einfluss nehmen und ihre Förderung von politischem Wohlverhalten abhängig machen. Es darf nicht zum Risiko werden, wenn Kunst von ihrer Freiheit Gebrauch macht.

Noch ist der Kulturkampf von rechts eine Sache von aggressiven Minderheiten – aber er hat bereits Auswirkung auf das gesellschaftliche Klima. Die Betroffenen leisten in der Regel kämpferischen Widerstand. Es darf aber nicht zu einer schleichenden Anpassung kommen, schon gar nicht zu einer offenen, wie etwa 2018 in Dessau, als die Stiftung Bauhaus ein Konzert der Band »Feine Sahne Fischfilet« in der Konzertreihe zdf@bauhaus auf der Bauhaus-Bühne abgesagt hat.

Und die Künstler müssen sich einmischen – vor allem dann, wenn die Demokratie in Gefahr ist, wie es Juli Zeh gefordert hat, als ihr im November 2019 der Heinrich-Böll-Preis verliehen wurde.

Nichts ist selbstverständlich, auch nicht die Freiheit in einer gefestigten Demokratie. Über unserer Gesellschaft liegt zur Zeit ein »Hauch von Weimar«. Wir Demokraten sollten alles tun, damit er wieder verschwindet. Gemeinsam sind wir stark!

Kunst hat Bedeutung auch für den einzelnen Menschen. Gerade jetzt, wo Globalisierung und Digitalisierung die Gesellschaft, die Politik und nahezu alle Bereiche des Zusammenlebens verändern und die Menschen verunsichert und ängstlich sind. Kunst kann zu mehr Selbstsicherheit, Mündigkeit und Urteilskraft verhelfen. Der Mensch ist ein kulturelles Wesen mit kreativem Potenzial. Dieses muss nur freigesetzt werden. Kulturelle Bildung ist deshalb das Gebot der Stunde. Wir sind einem weltweiten Prozess der Ökonomisierung ausgesetzt, einer »neuen Kolonialisierung«, wie Habermas das nennt. Kunst aber ist nicht Nützlichkeits- und Verwertungsgedanken unterworfen. Sie ist von Quoten unabhängig. Sie muss ein Bollwerk in einer ökonomischem Effizienzdenken ausgesetzten globalisierten Welt sein, die zur Zeit aus den Fugen gerät.

Das gilt auch für den öffentlich-rechtlichen Rundfunk. Seine Existenz ist ein Segen für unsere demokratische Gesellschaft. Er muss aber seine Aufträge auch ernstnehmen. Ein geplante Kahlschlag bei den Kulturwellen von rbb und Hessischem Rundfunk legt die Axt an den Kulturauftrag, dem die Sender verpflichtet sind. Wachsamkeit ist gefordert. Wir begleiten in NRW sehr aufmerksam die Reformüberlegungen des WDR.

Zurück zu 1975: Damals habe ich in einer Rede gefragt: »Stehen wir am Anfang einer Entwicklung, die mehr oder minder deutlich auf die Wiederentdeckung der Kulturpolitik in unserem Lande hinausläuft?« Die Antwort war damals schon eindeutig ein »Ja«. Heute stehen wir längst nicht mehr am Anfang. Es wurde eine Menge erreicht. Unbestritten ist Kulturpolitik heute auch eine Sache des Gesamtstaates, was damals nicht selbstverständlich war. Sie sollte auch noch stärker Sache der Europäischen Union werden. Ganz im Sinne von Frau von der Leyen, die nach ihrem Amtsantritt gesagt hat: »Kultur und Bildung sind das, was unsere Geschichte mit unserer Zukunft verbindet. Das macht uns einzigartig. Unsere Seele, unsere Kultur, unsere Vielfalt, unser Erbe.«

Die Kulturpolitik muss kräftig und selbstbewusst weiterentwickelt werden. Das ist mein Wunsch für die Zukunft. Kunst ist geistige Nahrung für Individuen und Gesellschaft. Sie ist Maßstab für Demokratiebewusstsein. Es gilt das Wort des legendären Kölner Kulturdezernenten Kurt Hackenberg: »Kunst ist nicht alles, aber ohne Kunst ist alles nichts«.

Freier leben – weltweit

Von Johannes Ebert

Die Corona-Krise hat uns schonungslos vor Augen geführt, wie verwundbar unsere Gesellschaften sind. Schulen, Universitäten und Geschäfte werden in Deutschland geschlossen, Quarantäneregeln verhängt und für den Aufenthalt im Freien genau geregelt, wer sich wie, unter welchen Umständen und in welcher Zahl draußen aufhalten darf. In anderen Ländern gehen die Maßnahmen noch weiter. Mundschutz wird zur Pflicht gemacht, Flughäfen geschlossen.

Mit großer Sicherheit ist dieser vorübergehende Entzug von Freiheiten der richtige Weg, um die Menschen vor dem tödlichen Virus zu schützen. Die staatlichen Verordnungen erreichen in Umfragen Zustimmungswerte von über 90 Prozent. Schon Thomas Hobbes sah eine solche Schutzfunktion des Staates in seinem »Leviathan« als dessen ureigentlichen Grund an: »Die Absicht und Ursache, warum die Menschen bei all ihrem natürlichen Hang zur Freiheit und Herrschaft sich dennoch entschließen konnten, sich gewissen Anordnungen, welche die bürgerliche Gesellschaft trifft, zu unterwerfen, lag in dem Verlangen, sich selbst zu erhalten...«.[1]

Doch wie ist es dabei um die Freiheit bestellt? Die Diskussion beispielsweise über Fragen, ob autoritäre Staaten mit der Corona-Krise besser umgehen können als demokratische, ob es gelingt, nach Abflauen der Krise demokratische Grundrechte wieder schnell und vollständig in Stand zu setzen oder wie weit Eingriffsrechte von Regierungen in liberalen Demokratien eigentlich gehen dürfen, steht angesichts der großen und akuten Gefahren, die es aktuell zu bewältigen gibt, noch am Anfang.[2] Doch sie werden ein wichtiges Thema der intellektuellen Reflexion und der realen Politik in den kommenden Monaten und Jahren sein.[3] Damit werden sie auch zu einem zentralen Ansatzpunkt der Auswärtigen Kultur- und Bildungspolitik Deutschlands, die in den Grundlagen der freiheitlich demokratischen Rechtsordnung der Bundesrepublik wurzelt, in internationalen Diskursen für diese steht und für deren Grundüberzeugungen eintritt.

Das hat sie in unterschiedlichster Weise schon immer getan. Seit populistische Akteure und Parteien in Europa vor nicht allzu langer Zeit begonnen haben, sich als die »wahre Stimme« des Volkes zu gerieren und mit einfach gestrickten nationalen oder gar rassistischen Parolen die

Komplexität demokratischer Gesellschaften und damit ihre freiheitliche Grundlage anzugreifen, reagieren die Akteure der Auswärtigen Kultur- und Bildungspolitik mit vielfältigen Programmen. Seit 2017 hat beispielsweise das Goethe-Institut gemeinsam mit zahlreichen Partnern in dem grenzüberschreitenden Projekt »Freiraum«[4] die Frage nach der Freiheit in Europa in den Mittelpunkt gestellt. Kurzgeschichten, Interviews und Essays zum Thema Freiheit schaffen auf der Freiraum-Webseite einen gedanklichen Rahmen für die Projekte von über 50 europäischen zivilgesellschaftlichen Organisationen zum Thema Freiheit. Da wird gestritten um die Frage, ob und wie man Hass und Hetze in den sozialen Medien einschränken müsse und was dies für die Meinungsfreiheit bedeuten könne.[5] Die Auswirkung ökonomischer Abhängigkeiten auf den Freiheitsgrad des Individuums wird diskutiert[6]. Die französische Philosophin Mériam Korichi beschreibt unter dem vielsagenden Titel »Frei sind wir nie, aber immer freier können wir werden«[7] die Ambivalenz und Vieldeutigkeit des Freiheitsbegriffs in der Philosophiegeschichte und weist durchaus selbstkritisch auf eine ganz pragmatische Herausforderung auch für den internationalen Kulturaustausch hin: »Einerseits… fragen wir uns, was ein freies Leben sein und wie es aussehen könnte, was wiederum das Eingeständnis bedeutet, dass wir über kein stimmiges, umfassendes Konzept verfügen. Andererseits aber setzen wir ›Freiheit‹ nonchalant als einen unserer zentralen Werte, besetzen ihn mir nichts, dir nichts ausschließlich positiv und vertreten ihn lauthals in der Welt.«[8] Korichi hat Sympathie für den Freiheitsbegriff Spinozas, »dass Freisein immer den Prozess der Befreiung bedeutet… Wir werden nicht frei geboren, können aber vielleicht noch freier werden.« Sie folgert daraus: »›Lebe frei!‹ könnte insgesamt gesehen deutlich weniger Bedeutung haben als ›Lebe freier!‹. Letztes wiederum wäre dann gleichbedeutend mit ›Lebe besser!‹ oder ›Lebe ein humaneres Leben‹«.[9]

Freie Meinungsäußerung, Versammlungsfreiheit, Reisefreiheit, Pluralismus und Meinungsvielfalt, die Freiheit der Kunst und der Wissenschaft: Der Begriff der Freiheit hat im liberalen Sinne viele Bestandteile, die uns lieb und teuer sind. Die tatsächliche Ausgestaltung der Freiheit für den Menschen zeigt jedoch, dass wir uns bei der Annäherung an die Maxime »Lebe freier« in einem steten Ringen befinden. Für ein Kulturinstitut wie das Goethe-Institut, das in der deutschen freiheitlichen demokratischen Grundordnung verankert ist, ist es deshalb eine zentrale Aufgabe, durch die Förderung von Kultur, durch Bildungsangebote, durch Räume, die den freien diskursiven Austausch fördern, im steten Prozess zu diesem »Lebe freier« beizutragen.

Diese Aufgabe wird immer wichtiger: Denn bei einer Momentaufnahme der Welt heute gewinnt man den Eindruck, dass der Zeiger derzeit eher in die andere Richtung eines »Lebe unfreier« ausschlägt. Der Freedomhouse-Bericht 2020 konstatiert: »Die Demokratie ist in der ganzen Welt unter Druck und die Auswirkungen sind nicht nur in Staaten wie China, Russland und dem Iran offensichtlich, sondern auch in Ländern, die über eine lange Zeit Grundrechte und Freiheiten aufrechterhalten haben.«[10] Laut dem Transformationsindex BTI der Bertelsmann Stiftung von 2018 ist die Qualität von Demokratie, guter Regierungsführung und Marktwirtschaft auf den niedrigsten Stand seit zwölf Jahren gefallen. Dies betreffe heute nicht nur autokratische Regime, auch in Demokratien versuchten Regierungen zusehends, mit harter Hand durchzugreifen.[11]

Die Freiheit von Kultur, Kunst[12], Bildung und Wissenschaft ist von zentraler Bedeutung für die Entwicklung einer Gesellschaft. Denn nur, wenn diese Freiheit herrscht, bringt sie in ihren Bürgerinnen und Bürgern Kreativität, Mündigkeit, Kritikfähigkeit, Offenheit, Innovationsfähigkeit und viele andere Eigenschaften hervor, die für eine moderne, pluralistische Demokratie in ihrer Komplexität grundlegend sind. Nicht zuletzt, weil diese Eigenschaften auch dazu führen, dass herrschende Strukturen, Ideologien und Personen kritisiert oder Mehrheitsmeinungen hinterfragt werden können, geraten diese Felder und die sie tragenden Institutionen und Akteure in Staat und Zivilgesellschaft häufig als erste und auf ganz unterschiedliche Weise unter Druck: Eine bis auf wenige Ausnahmen allgemeine Zensur aller Kulturveranstaltungen und digitale Überwachung in China, geheimdienstliche Beobachtung im Iran, die Verhaftung eines Künstlers in Bangladesch, das Verbot eines Kunstwerks in Karachi, die fadenscheinige Verhaftung eines wichtigen Kultur-Mäzens in der Türkei, restriktive Gesetze für Nichtregierungsorganisationen in Russland, Ägypten und vielen anderen Ländern, die Einstellung staatlicher Förderung für kritische Kultur-NGOs, die Besetzung von Schlüsselstellen in Kultur und Bildung mit regierungsnahen Vertretern in Polen, die Schließung einer progressiven Universität oder ein neuer Lehrplan für Schulen in Ungarn, den der Vorsitzende der Vereinigung der Ungarischlehrer als den »Grundlehrplan einer Diktatur« bezeichnet.[13] Die Liste verdeutlicht mögliche Ziele und Mechanismen, wie diese Beschneidung von Freiheiten vor sich geht. Sie ließe sich beliebig fortsetzen.

Freiräume der Begegnung

Mit diesen Entwicklungen umzugehen, ist eine große Herausforderung für den internationalen Kultur- und Bildungsaustausch, der hierzulande auf einem Verständnis basiert, dass Freiheit eine zentrale Grundlage unserer Kultur und Gesellschaft ist, und dass um diese im Austausch unterschiedlicher Positionen gerungen wird. Die Goethe-Institute mit ihren 157 Außenstellen und ihrem umfassenden Kultur- und Bildungsnetzwerk in über 90 Ländern und andere Kulturmittler sowie weitere staatliche und zivilgesellschaftliche Organisationen, die im Ausland arbeiten, stellen sich dieser Herausforderung in vielfältiger Weise. Dabei muss jedoch klar sein, dass Gesetze der Gastländer und die finanzielle Abhängigkeit der Kultur- und Bildungsszene vom Staat auch Grenzen aufzeigen. Ebenso klar muss es sein, dass direkte Repressionen gegen Einzelne und gesamtgesellschaftliche freiheitliche Einschränkungen auf diplomatischer und politischer Ebene zu thematisieren sind.

Kultur und Bildung wirken langfristig und effektiv. Gerade die grenzüberschreitende und globale Begegnung von Künstlerinnen und Künstlern, Wissenschaftlerinnen und Wissenschaftlern, Betreiberinnen und Betreibern von Galerien, Bibliotheken und Museen öffnet neue Perspektiven auf allen Seiten, bewirkt Offenheit und bringt damit gesellschaftliche Dynamik. Weltweit stellen die Häuser der Goethe-Institute wichtige Plattformen für diesen internationalen Austausch dar. Sie sind Freiräume der Begegnung und des Lernens, in denen Gedanken und auch kritische Themen diskutiert, Bücher und Filme, die öffentlich zensiert sind, angesehen und reflektiert werden. Goethe-Institute unterstützen zivilgesellschaftliche und progressive staatliche Akteure, die für eine Öffnung der Gesellschaft stehen, mit Fortbildungen, Reisestipendien und internationaler Vernetzung. Denn gerade die Einbettung lokaler Künstlerinnen und Künstler in internationale Kontexte macht sie oft weniger angreifbar und schützt ihre individuelle Freiheit. Gerade hier könnte in den kommenden Jahren noch stärkere strukturelle Unterstützung notwendig werden. Denn mögliche finanzielle Restriktionen staatlicher Stellen gegenüber manchen zivilgesellschaftlichen Akteuren werden jetzt durch die wirtschaftlichen Herausforderungen der Corona-Krise verstärkt und damit deren Unabhängigkeit weiter gefährdet.

Es gibt zahlreiche weitere Formate und Inhalte, wie Kultur und Bildung freiheitliches Denken und Potenzial fördern können: In Workshops und Aktionen thematisieren Kinder und Jugendliche die Chancen und

Gefahren von sozialen Medien oder künstlicher Intelligenz. Denn die Grundlage, sich frei und verantwortungsvoll eine Meinung zu bilden, ist es, Wahres und Falsches unterscheiden und Manipulationen reflektieren zu können. Junge Filmemacherinnen und Filmemacher, Schriftstellerinnen und Schriftsteller und andere Kulturschaffende erhalten im Austausch und in der Koproduktion wichtige schöpferische und handwerkliche Impulse für ihre Arbeit. Es ist eine Zierde für die Auswärtige Kultur- und Bildungspolitik und das Goethe-Institut, wenn eine junge Regisseurin aus Pakistan, die dort einer verfolgten Minderheit angehört, schreibt: »Es ist mit Sicherheit das Bedeutendste, was mir in meiner Laufbahn als Künstlerin geschehen ist. Ihr habt nicht nur Raum für gute Arbeit geschaffen, sondern vor allem einen geschützten Raum, in dem wir unsere ganz persönlichen Geschichten teilen und diskutieren konnten und das ist als Teil einer Minderheit etwas ganz besonderes für mich.«[14]

Wir dürfen bei all dem nicht außer Acht lassen, dass wir auch in unserer eigenen Geschichte auf dunkelste Zeiten der Unfreiheit zurückblicken und dass Rassismus und die Ablehnung des anderen heute in unserer Gesellschaft wachsen. Von besonderer Bedeutung ist deshalb das gemeinsame Lernen beispielsweise in Partnerschaften zwischen wichtigen Trägern öffentlicher Bildung wie Bibliotheken, Museen oder Schulverbänden. Denn wenn wir unsere eigene Geschichte und Gegenwart mit Themen wie Kolonialismus, Rassismus und Rechtsradikalismus ernst nehmen, sind wir auf Impulse von außen und die Auseinandersetzung mit anderen angewiesen, um auch den Grad der Freiheit in unserer Gesellschaft zu reflektieren und auszubauen. So kann die Auswärtige Kultur- und Bildungspolitik auch im Inneren wirken und tief in unsere Gesellschaft hineinreichen. Es geht deshalb nicht darum, Freiheit als hehren Wert vor sich herzutragen, sondern zu versuchen, sie in der eigenen Arbeit zu leben und gemeinsam mit den Partnern aus Kultur und Bildung auf der Welt gemeinsam um das »Lebe freier«, das »Lebe besser«, das »Lebe ein humaneres Leben« zu ringen.

1 Thomas Hobbes: Leviathan, Stuttgart 1980, S.151.

2 Dieser Artikel wurde im April 2020 abgeschlossen.

3 Die Diskussion um die Zeit danach und die gesellschaftlichen und wirtschaftlichen Folgen hat eingesetzt. Das Goethe-Institut trägt hierzu beispielsweise seit März 2020 die Stimmen von wichtigen Intellektuellen, Künstlerinnen und Künstlern auf der webseite www.goethe.de/Danachgedanken zusammen.

4 www.goethe.de/Freiraum Für 2020 sind im Rahmen der europäischen Rats-präsidentschaft Deutschlands weitere Veranstaltungen des Projekts Freiraum an unterschiedlichen Orten geplant.

5 z.B. David Cole: Mehr Meinung ist besser. https://www.goethe.de/prj/fre/de/denk/ess/21181067.html; Joan Acoella: Verf*ckt und zugenäht. https://www.goethe.de/prj/fre/de/denk/ess/21271635.html

6 Davor Miskovic: Wollen wir die Freiheit als bloßen Papiertiger? https://www.goethe.de/prj/fre/de/denk/ess/21260289.html

7 Mériam Korichi: »Frei sind wir nie, aber immer freier können wir werden.« https://www.goethe.de/prj/fre/de/denk/ess/21228192.html

8 Ebd.

9 Ebd.

10 https://freedomhouse.org/article/new-report-freedom-world-2020-finds-established-democracies-are-decline

11 www.bertelsmann-stiftung.de/de/themen/aktuelle-meldungen/2018/maerzdemo-kratie-unter-druck-polarisierung-und-re-pression-nehmen-weltweit-zu Zitiert nach: Johannes Ebert & Ronald Grätz: Die Chancen der Auswärtigen Kultur- und Bildungspolitik. In: Stefan Mair, Dirk Messner, Lutz Meyer (Hg.): Deutschland und die Welt 2030. Was sich verändert und wie wir handeln müssen, Berlin 2018.

12 Die Rolle der Kunst und Kultur in der Demokratie beschreibt sehr ausführlich und fundiert: Carsten Brosda: Die Kunst der Demokratie. Die Bedeutung der Kultur für eine offene Gesellschaft, Hamburg 2020.

13 Keno Verseck, »Der Grundlehrplan einer Diktatur« www.spiegel.de/panorama/gesellschaft/ungarn-neuer-grundlehrplan-loest-landesweit-proteste-aus-a-9b2953bc-aff1-4090-8e88-62053596d1b3?fbclid=I-wAR10-t2iWu0lBcrM0QcCndJ-8Ys6LuR-ppEFGEFX9CigjCFIfHFatc7TUY4A

14 Zitiert nach Goethe-Institut Jahr-buch 2018/2019, S.1.

Farbe bekennen: Die Martin Roth-Initiative

Von Maik Müller und Maximilian Röttger

Eine bildende Künstlerin und Kuratorin muss ihren selbstgegründeten und unabhängigen Kunstraum schließen; in ihrer nordafrikanischen Heimatstadt ist er einer der wenigen seiner Art. Hier bot sie gemeinsam mit ihrem Team jungen Künstlerinnen und Künstlern einen Ort des kreativen Schaffens, in dem auch zeitgenössische Ausstellungen wie kontroverse Diskussionsveranstaltungen eine Plattform hatten. In einem konfliktgeladenen Land, in dem konkurrierende Gruppen um Macht und Deutungshoheit kämpfen, stößt Kunst – zumal kritische – und somit auch die Personen, die dahinterstehen, auf große Widerstände. Allein die Auseinandersetzung mit Themen wie Gewalt, Freiheit und Menschenrechten, so in diesem Fall geschehen, werden schnell zum Anlass für offene Angriffe und Drohungen.

Im Oktober 2017 forderten renommierte Institutionen und Persönlichkeiten aus der Kulturszene Deutschlands in einem öffentlichen Aufruf von der Politik ein Programm, das gefährdeten und verfolgten Kunst- und Kulturschaffenden nicht nur Sicherheit bietet, sondern auch eine Weiterführung ihrer kritischen Arbeit in Theatern, Museen, Ausstellungshäusern und Festivals ermöglicht. Sie beriefen sich dabei auf Artikel 5 des deutschen Grundgesetzes, der das Recht auf freie Meinungsäußerung sowie die Freiheit der Kunst, Wissenschaft, Forschung und Lehre schützt. »Wer die Freiheit der Kunst angreift, der will in Wahrheit die demokratische Freiheit einer Gesellschaft in Frage stellen«, heißt es in der Erklärung mit einem Verweis auf die historische Verpflichtung, der Deutschland Rechnung tragen müsse. Nicht weniger als Eintausend ihrer internationalen Kolleginnen und Kollegen, so der Appell, sollen auf diese Weise jährlich den Schutz erhalten, der in ihren Heimatländern aufgrund von autoritären und repressiven Strukturen nicht gegeben ist.

Das Goethe-Institut und das Institut für Auslandsbeziehungen sind seit mehreren Jahrzehnten in ebensolchen Kontexten aktiv und beobachten zunehmend, dass kritische Äußerungen und Handlungen abseits der sozialen Norm in Ländern wie z.B. Ägypten, Brasilien, Bangladesch, Weißrussland oder in der Türkei oftmals Strafverfolgung, Zensur und Einschüchterung bedeuten. Nicht selten handelt es sich bei den Betroffenen um langjährige Partner und Partnerinnen, die in ihrer Not um·Unterstützung bitten. Dieser Umstand und das Ziel, Solidaritätsbekundungen in konkrete Taten umzusetzen, veranlasste beide Organisationen, ein Schutzprogramm für gefährdete Kunst- und Kulturschaffende ins Leben zu rufen: die Martin Roth-Initiative (MRI). Benannt nach dem 2017 verstorbenen Kulturmanager versteht sich das vom Auswärtigen Amt geförderte Gemeinschaftsprojekt Roths Grundsatz verpflichtet, für die Verteidigung der offenen Gesellschaft, in der Kunst und Kultur eine unverzichtbare Grundlage im demokratischen und friedlichen Zusammenleben darstellen, einzutreten.

Jeder Fall ist ein Einzelfall

Für eine Unterstützung durch die Martin Roth-Initiative können sich Kunst- und Kulturschaffende bewerben, wenn sie sich entweder noch in ihrem Heimatland oder erst seit kurzem außerhalb davon befinden, keinen anderweitigen Zugang zu einem sicheren Aufenthaltsort haben und wenn – wie im eingangs beschriebenen Fall – eine belegbare Gefährdungslage vorliegt. Das Fazit nach einem Jahr Martin Roth-Initiative lautet daher: Jeder Fall ist ein Einzelfall und muss auch als solcher behandelt werden.

Die Martin Roth-Initiative arbeitet mit unterschiedlichen kulturellen bzw. zivilgesellschaftlichen Organisationen im In- und Ausland zusammen, die auf den Bedarf der Stipendiatinnen und Stipendiaten möglichst individuell eingehen. Die gefährdete Künstlerin und Kuratorin, um das Eingangsbeispiel noch einmal zu bemühen, stellte gemeinsam mit einem ihr bekannten Berliner Kulturverein einen Antrag für eine Förderung bei der Martin Roth-Initiative. Der bereits bestehende Kontakt zwischen der Gastorganisation und der Stipendiatin erleichterte dabei in vielerlei Hinsicht die umsichtige und zielführende Planung des Schutzaufenthalts in Deutschland. Neben einem Raum für ihre kreative Arbeit erhielt die Stipendiatin die Möglichkeit, Fortbildungsangebote im Bereich Kulturmanagement wahrzunehmen, aktiv an Veranstaltungen im In- und Ausland teilzunehmen und somit ihr professionelles Netzwerk zu erweitern, Projekte umzusetzen und vor allem Pläne für zukünftige Vorhaben (u.a. mit ihrem Kunstraum) zu schmieden. Die Martin Roth-Initiative berät und begleitet diese Prozesse so gut es geht und zwar stets mit dem Ziel, auch an die Zeit nach der Förderung zu denken.

Die internationale Ausrichtung der Schutzaufenthalte macht insbesondere dann Sinn, wenn beispielsweise Visabestimmungen oder sprachliche Voraussetzungen den Aufenthalt in einem Drittland erleichtern. Ebenso können durch eine räumlich-kulturelle Nähe der Kontakt und Einfluss im Heimatland besser aufrecht erhalten sowie die beruflichen Perspektiven langfristig gestärkt werden. Das Beispiel eines renommierten Kulturmanagers aus einem mittelamerikanischen Land, der Opfer diverser Diffamierungskampagnen und sogar von Todesdrohungen durch regimenahe Akteure wurde, verdeutlicht diesen Ansatz. Mithilfe einer Förderung der Martin Roth-Initiative konnte er in ein spanischsprachiges Nachbarland ausreisen. Dort fand er nicht nur temporär Schutz, sondern auch institutionellen Anschluss und die Möglichkeit, die Verbindung in seine Heimat aufrechtzuerhalten.

Langfristige Wirkung von Schutzaufenthalten

Der zeitlich begrenzte Rahmen von Schutzaufenthalten muss immer wieder der kritischen Frage begegnen, ob der Ansatz einer Martin Roth-Initiative und ähnlich operierender Organisationen nicht nur reine Symptombekämpfung sei: Was passiert mit den Künstlerinnen und Künstlern nach Beendigung der Förderung? Welche Auswirkungen hat ihre (temporäre) Abwesenheit auf die Heimatgesellschaften?

Obwohl die noch junge Martin Roth-Initiative bei weitem nicht das erste[1] Vorhaben ihrer Art ist und sie von den Erfahrungen und dem Austausch mit verwandten Programmen wie ICORN oder SafeMUSE profitiert, wurde die Frage nach den Langzeitwirkungen noch nie systematisch und analytisch ergründet. Gerade vor dem Hintergrund der beschriebenen Einzelfallbetrachtung und der daraus resultierenden schweren Vergleichbarkeit erweist sich diese Aufgabe als besonders komplex. Das begleitende Forschungsvorhaben der Martin Roth-Initiative versucht deshalb, Antworten zu finden und in Zusammenarbeit mit internationalen Kolleginnen und Kollegen kritische Beiträge zu leisten, die zu einer nachhaltigen Verbesserung der operativen Arbeit (etwa im Bereich der psychosozialen Begleitung) und strategischen Ausrichtung von Schutzprogrammen führen.

Die Martin Roth-Initiative ist davon überzeugt, dass einzelne gut und sinnvoll umgesetzte Schutzaufenthalte einen strukturellen Beitrag für die weltweite Aufrechterhaltung zivilgesellschaftlicher, kultureller und künstlerischer Freiräume leistet.

---

1   Die wohl älteste vergleichbare Initiative ist das Council for At-Risk Academics
    (CARA), welches 1933 – damals noch unter dem Namen Academic Assistance Council
    (AAC) – begann, mithilfe britischer Universitäten deutsche Wissenschaftlerinnen
    und Wissenschaftler aufzunehmen, die vor dem Nazi-Regime fliehen mussten.

Eine *Liaison Dangereuse* – Musik und Politik in Uganda

Von Okaka Dokotum

In diesem Beitrag untersuche ich die Beziehung zwischen der Politik und der künstlerischen Freiheit von Musikerinnen und Musikern in Uganda, um festzustellen, inwiefern die Politik die künstlerische Produktion und Freiheit fördert und/oder behindert und was dies für das Verständnis von Musik bedeutet – als Kunst, als Business und als Instrument für die politische Mobilisierung. Mir geht es darum zu zeigen, wie Künstlerinnen und Künstler sich in der Ausübung ihrer künstlerischen Freiheit mit sozialen und politischen Kommentaren und Kritiken engagieren, zugleich aber eine »zwischenräumliche« Distanz sowohl vom Staat als auch der Opposition einhalten und ihre Unabhängigkeit wahren können. Ich zeige Fälle, in denen sich Künstlerinnen und Künstler zum einen für den Staat und die Macht engagieren, indem sie ein Lob des Establishments singen und so Hegemonie festigen helfen; und zum anderen auch künstlerische Dissidenten, die einen radikalen Ungehorsam praktizieren, indem sie sich offen an der politischen Opposition beteiligen und ihren Status als gefeierte Musiker nutzen, um dafür politische Unterstützung zu mobilisieren.

Im Zentrum dieser Auseinandersetzung steht die Frage nach der Bedeutung der künstlerischen Freiheit, danach, wie diese Freiheit ausgehandelt und zu Freiheit in anderen Bereichen in ein Verhältnis gesetzt wird sowie nach der Bewertung der künstlerischen Freiheit in Uganda. Es geht auch um die Auswirkungen der Beteiligung von Künstlerinnen und Künstlern in Politik und politischer Propaganda und ein mögliches Verständnis dieses Engagements als Betrug an den Idealen der Kunst; und schließlich um die Frage nach den Grenzen der Freiheit, wenn der Staat, das Publikum und religiöse Gemeinschaften beleidigt werden könnten.

Die Kunstfreiheit ist in der Verfassung Ugandas von 1995 in Art. 29 festgeschrieben. Der Artikel findet zusammen mit anderen internationalen Rechtsinstrumenten Anwendung, die gemeinsam einen bedeutenden Korpus des öffentlichen Rechts bilden und zu denen »Verträge, Beschlüsse, Verfassungsdokumente, Rechtsprechung und Rechtspraxis gehören, die in Uganda als Recht der Afrikanischen Union angewandt werden«, hier insbesondere die *Afrikanische Erklärung der Menschenrechte und der Rechte der Völker* (Busingye 2018, S. 90).

Die Pop-Kultur wurde von einigen Kritikern als ein Instrument der politischen Kontrolle gesehen, als »Opium für die Massen« (Englert 2008, S. 7). Auf der anderen Seite haben linke Gelehrte wie Raymond Williams, Richard Hoggart, Edward Thompson und Stuart Hall von Beginn der 1960er-Jahre an argumentiert, dass Pop-Kultur »politisch progressiv«, eine anti-hegemonische Kraft, ein »Ort des Widerstands« und ein Antrieb für Wandel sein kann. In dieser Hinsicht wird Pop-Kultur zu einem »Instrument für die politische Artikulation der Unterdrückten« (S. 7f.). Der Auffassung, dass Pop-Kultur gemeinhin Verstärker für die Verbreitung der Stimme der marginalisierten Massen ist und dass Künstlerinnen und Künstler die Stimme der Stimmlosen seien, wurde vor allem von der lateinamerikanischen Theater-Ikone Augusto Boal theoretisch und praktisch Nachdruck verliehen. Dieses Verständnis hat sich die Pop-Kultur selbst zu eigen gemacht. Es trifft aber nicht uneingeschränkt zu: Die Pop-Kultur kann ebenso gut mit Staat und Kapital gemeinsame Sache machen und die Werte der anti-hegemonischen Bewegung untergraben. Es ist nicht immer so, dass Pop-Kultur und speziell Musikvideos die Massen vertreten; ebenso gut können sie für die Staatsmacht und für Werte stehen, die gegen das gesellschaftliche Wohl gerichtet sind.

Die politische Wirkung der Musik ist so bedeutend, dass viele afrikanische Präsidenten sie genutzt haben, um ihr Image aufzubauen, ihre Macht zu festigen und erzieherisch auf die Bevölkerung einzuwirken.

Der kenianische Präsident Daniel Arap Moi etwa war bekannt dafür, einen »Staatschor« zu unterstützen, der Lob auf ihn und seine Regierung sang. Tatsächlich entstanden so viele Pro-Moi Lieder, dass sich daraus ein ganz neues Genre kenianischer Musik entwickelte, der »patriotische Song«, ein sehr verbreitetes Genre, das mit dem Aufkommen eines Mehrparteiensystems in den 1990er-Jahren wieder verschwand. Mois »Staatschor« wurde vorgeworfen, christliches Liedgut zu adaptieren, um seine Regierung zu rühmen (Allen 2004, S. 10-11). Gläubige Christen betrachteten dies als unwürdig und beleidigend für ihren Glauben.

Francis Nyamnjoh und Paul Fokwang haben dargelegt, dass »Politiker in Kamerun dazu neigten, Musiker und ihre Kreativität als Teil ihres Strebens nach Macht zu benutzen« (2005, S. 251).

Indoktrination der Massen

Zaires Kleptokrat Joseph Désire Mobutu, der spätere Mobutu Sese Seko Kuku Ngbendu wa Zabanga (1930-1997), investierte erhebliche Summen, um neben dem Sport auch kongolesische Musik als Teil einer kulturellen Renaissance zu fördern. Dies führte dazu, dass die Musik des Kongo in den 1970er- und -80er-Jahren zur führenden Musik des afrikanischen Kontinents wurde. Popmusik wurde zum Vehikel, um Mobutus politische Indoktrination der Massen zu übermitteln. Er orientierte sich und seine Revolution an dem Vorbild des chinesischen Parteiführers Mao, für den die Musik der Revolution zu dienen hatte. »Für Mobutu kam der Popmusik die Aufgabe zu, seine Autorität und Macht gutzuheißen. Musik war ein zentrales Instrument für den Erfolg und den Fortbestand seiner Kulturrevolution« (Minds 2014, 5). Mobutu protegierte nahezu alle Bands und war bekannt dafür, Musiker großzügig mit teuren Autos zu beschenken. Musikgruppen wurden auch genötigt, das Lob Mobutus und seiner Kulturrevolution zu singen –, eine klare Verletzung der künstlerischen Freiheit und der Meinungsfreiheit. Franco Luambo Makiadi – der sich in L'Okanga la Ndju Pene Luambo Makiadie umbenannte, nachdem Mobutu christliche und europäische Namen verbannt hatte – war mit seiner TPOK Jazz Band der bedeutendste künstlerische Partner Mobutus und der Revolution. Franco und seine Band wurden beauftragt, Mobutu auf einer landesweiten Propagandatour zu begleiten. Zur Belohnung überließ dieser Franco und seiner TPOK Jazz Band später mit *Un-Deux-Trois* den berühmtesten Nachtklub in Kinshasa. 1984, während des Wahlkampfes in Zaire, brachte Franco den Song heraus, den einige »das berühmteste Stück Propaganda in der Geschichte Afrikas« nannten: *Candidat na Biso Mobuto* (»Unser Kandidat Mobutu«). Gesungen mit einer »Miene der Unausweichlichkeit«, machte der Song den Menschen in Zaire klar, dass es zu der Wahl von Mobuto keine Alternative gab (Musica 2015). Dieses künstlerische Engagement, geboren aus politischer Überzeugung, finanziellem Kalkül oder einfach aus der Notwendigkeit zu überleben, wirft ernsthafte Fragen auf hinsichtlich der Rolle der Kunst in einer Demokratie und der Gefahren für die und die Freiheit der Kunst.

Idi Amin Dada, der Uganda von 1971 bis 1979 regierte, war ein großer Musikliebhaber. Obwohl er keine Kampagnen-Hits für die Präsidentschaftswahlen benötigte, liebte er Musik, die seinem Ego schmeichelte und förderte sie großzügig. Amins Lieblings-Band war *Africa Go Forward*, die heutige *Afrigo Band*. Seine andere Lieblingsgruppe war die *Suicide Regiment Band*, auch bekannt als *Suicide Revolutionary Jazz Band*, die ihn in vielen Liedern rühmte. Leider wurden diese Songs nicht aufgezeichnet (Walusimbi 2015a). Der ugandische Präsident Milton Obote begeisterte die Menge mit dem Erkennungslied der Uganda People's Congress-Partei (UPC), »Aa aa Mama,/ Na UPC, /The Congress of the People«, einem mitreißenden Parteilied. Viele andere nicht aufgenommene Songs wurden für Obote und die UPC produziert. Für Kamerun haben Nyamnjoh und Fokwang festgestellt, dass der Aufstieg von Paul Biya zur Macht im Jahr 1982 mit dem gleichzeitigen Aufstieg des musikalischen *Bikutsi*-Genres verbunden war, was sie auf die Unterstützung durch Biya zurückführen. Makossa, die Musik aus Douala, wurde verdrängt von Bikutsi, der Musik der Beti, zu denen Biya gehört, und von der Musik aus Yaoundé, die alle von Biyas aggressiver Unterstützung und seiner Günstlingswirtschaft profitierten. Anerkannte Musiker wie Manu Dibango, der König des Makossa-Genres, der Musik aus Kamerun berühmt gemacht hatte, wurden weitgehend ignoriert. Dibangos Versuch, »Anerkennung für Musik als einer Kunst und für Musiker als Künstler zu erhalten, wurde von Seiten der Politiker wiederholt zurückgewiesen« (Walusimbi, S. 254). Diese parteiische Förderung der Bikutsi-Musik zu Lasten von Makossa und anderen Musikgenres war ein Angriff auf die künstlerische Freiheit und auf den Lebensunterhalt marginalisierter Volksgruppen in Kamerun unter Biya. In der Tat wurde Popmusik in ganz Afrika von Politikern genutzt, um ihren Machterhalt zu sichern und die Massen für ihre Wahlkampagnen zu mobilisieren. Dies gilt auch für die Bongo Flava-Songs in Tansania, die eine Rolle bei dem Aufstieg von Jakaya Kikwete im Jahr 2005 an die Macht spielten; durch den Einsatz einiger musikalischer Aktivisten kamen dabei auch einige junge »Untergrundpolitiker« in machtvolle Positionen (Englert 2008, S. 12-13). Kampagnen-Musik spielte auch in Kenia, Malawi und Sambia eine Rolle.

Musik und Macht

Bereits seit der Kolonialzeit hat Musik in der Politik Ugandas steht eine aktive Rolle gespielt. Wie Nyamnjoh und Fokwang feststellen: »Die Art und Weise, wie Musik produziert und angeeignet wird, von wem und wie, ist untrennbar verbunden mit den politischen, kulturellen, wirtschaftlichen und geschlechtsspezifischen Machtverhältnissen« (2005 S. 251). In den 1970er-Jahren gab es Songs zum Lob von Idi Amin, aber auch Songs des Widerstands. Das vielleicht bezeichnendste Fernsehbild aus dieser Ära zeigt Idi Amin, wie er mit seiner Lieblingsband Akkordeon spielt (Schroeder 1974). Die späten 60er- und 70er-Jahre sind durch das Aufkommen des Musikdramas gekennzeichnet, hier vor allem die Arbeiten von Byron Kawadwa und Robert Serumaga. Die Musik in Kawadwas Stücken wurde von Wasayi Sserukenya geschrieben und produziert, darunter auch die berühmten *Imbaalu Wankoko* und *Wankulukuku*. Die späten 70er- und 80er-Jahre wurden die Dekade von Alex Mukulu, mit Musicals wie *Wounds of Africa* (1979), *Excuse me Muzungu* und seinem politischen Propagandastück *Thirty Years of Bananas*, das Idi Amin, Milton Obote, Paulo Muwenga und Tito Okello anschwärzte und Yusuf Lule, Godfrey Lukonkwa Binaisa und Yoweri Kaguta Museveni feierte. *Thirty Years of Bananas* ist vielleicht das politischste Stück, das jemals aus einem für das Establishment eingenommenen Blickwinkel in Uganda geschrieben wurde. Kalekyezi, ein Flüchtling aus Rwanda und Hauptcharakter des Stücks, verwandelt sich aus einem scheinbar neutralen Erzähler zu einem eifernden politischen Evangelisten, der die Botschaft der an der Macht befindlichen Regierung predigt.

Die Nationale Widerstandsarmee (NRA) investierte von Beginn an in großem Stil in Musik als Werkzeug politischer Mobilisierung. Felix Kulagye stellte fest, dass Musik »seine Männer im Busch antrieb«. Seine Kämpfer wurden auch mithilfe von Musik unterrichtet. Es war die Musik, die »den Geist der Kämpfer hochhielt« (zit. n. Walusimbi 2015c). Der ikonische Song dieser Jahre ist *Moto na waka*. Musik stärkte auch die Moral im Wahlkampf der Präsidentschaftswahl 1996, bei der Amtsinhaber Yoweri Museveni von Paul Kawanga Semogerere herausgefordert wurde, der für die Demokratische Partei antrat und in Musevenis Regierung verschiedene Funktionen ausgeübt hatte, u.a. die des stellvertretenden Premierministers. Semogere wurde von der »Eisernen Lady« der Uganda People's Congress-Partei, Cecilia Ogwal, unterstützt. Der eindrucksvollste Song der Kampagne war vielleicht die Adaption eines bekannten Liebeslieds von Simon und Garfunkel, »Cecilia« (1970), dessen Textzeile »Cecilia, you are breaking my heart« vom National Resistance Movement in »Cecilia, you are breaking my vote« abgewandelt wurde (Lubega 2016).

Musik sollte in den Präsidentschaftswahlen von 1996 an mit wachsender Intensität und stetig steigenden Kosten eine zentrale Rolle spielen.

Das Jahr 2006 brachte mit der Abschaffung der Beschränkung der Mandatszeit eine Zeitenwende für die Politik in Uganda. Amtsinhaber Museveni setzte in erheblichem Umfang auf Musik, um sich Unterstützung zu sichern. Der Gesang *Bamungire Kisanja* (»Gib ihm eine weitere Amtszeit«) wurde der Versammlungsruf der Unterstützer des NRM und Musevenis. Bekannte Musiker schrieben erbetene und nicht erbetene Arbeiten zur Unterstützung des Präsidenten. Die Künstler hatten entdeckt, dass sie ihre Musik gewinnbringend anbieten und von der Präsidentschaftskampagne profitieren konnten – eine Entdeckung, die sich 2011 und dann 2016 als noch lohnender erweisen sollte. Während die meiste Musik bis dahin ein Produkt künstlerischer Überzeugung und Zwecke war, so wurde es von diesem Zeitpunkt an der Profit, an dem sich ein großer Teil der politischen Kampagnenmusik in Uganda orientierte.

Die Präsidentschaftskampagne 2016 war der Zeitpunkt, an dem Musik und die Stars der Musikszene in bis dahin nicht gekanntem Ausmaß von den wetteifernden Kandidaten eingesetzt wurden, vor allem von Yoweri Museveni, Kizza Besigye und Amama Mbabazi. Eine Reihe von Künstlern taten sich unter der Leitung von Ronald Mayanja (Bebe Cool) zusammen, um mit *Tubonga Nawe* den Leitsong des Kandidaten Museveni und des NRM zu produzieren. Museveni stellte den Künstlern 400 Millionen Uganda-Schilling zum Launch von *Tubonga Nawe* zur Verfügung, Mittel, die eigentlich für einen Fonds zur Förderung von Musikerinnen und Musikern bestimmt waren (Schneidermann 2015, 1). Anonyme Quellen mutmaßen, dass die NRM-Partei bis zu 2,5 Milliarden Schilling in das Projekt steckte, von denen jeder der Künstler 150 Millionen Schilling erhielt (Jaramogi 2015, 7).

Benon Kibuuka merkt an, dass politische Kampagnensongs in der Vergangenheit von Kampagnenmanagern geschrieben wurden oder aus dem Kreis der Unterstützerinnen und Unterstützern der Präsidentschaftskandidaten stammten, nicht jedoch von »gemieteten Künstlern«, also »Söldnern«, für die die Kampagnensaison lediglich eine Gelegenheit war, »als Künstler etwas Geld zu machen« (zit. n. Nantaba 2016). Kibuukas Feststellung verleitete Nantaba zu dem zynischen Schluss: »Wenn Politiker ein Amt anstreben, um Geld zu machen, dann gibt es keinen Grund, warum Musiker nicht Songs komponieren sollten, um damit Geld zu verdienen« (2016). Von jetzt an war Geld die Motivation für einen großen Teil der politischen Musik in Uganda, genauso wie es die wichtigste Motivation für Politiker geworden war.

Wechselseitiges Geschachere

Dafür spricht auch die zunehmende Kommerzialisierung der Musikindustrie in Uganda in den letzten Jahren mit einer stets wachsenden Betonung der Profite und des damit verbundenen Celebrity-Status. Aufgrund ihres sozialen Kapitals und ihres Einflusses als gefeierte Stars fanden Musiker für sie lukrative Wege, mit bekannten Politikern in Beziehungen zu treten, die Nanna Schneidermann als »eine Art wechselseitiges ›Geschachere‹« bezeichnet (2015, 6), um ihre Musik und ihre Talente für Geld anzubieten, ihre politischen Überzeugungen mitzuteilen und ihr demokratisches Recht in Anspruch zu nehmen, Kandidaten ihrer Wahl zu unterstützen. Dies stand in direktem Widerspruch zu der traditionellen ugandischen Wahrnehmung von Musikerinnen und Musikern als den Hütern sozialer Werte und den Stimmen der Stimmlosen. Die Fans waren in gleichem Maße elektrisiert und aufgebracht von den Entscheidungen der Musiker, diese oder jene opponierende Kandidaturen zu unterstützen.

Diese Verbindung zwischen Musik und Wahlkampfpolitik wurde zunehmend komplexer, ihre Implikationen für die künstlerische Freiheit sollten mit dem Aufkommen des Reggae-, Dancehall- und Afrobeat-Superstars Robert Kyagulanyi Sentamu, auch bekannt als Bobi Wine, ein Allzeithoch erreichen. Wine, Chef der Musikfirma Fire Base Crew und selbsternannter »Ghetto-Präsident«, begann seinen Ausflug in die aktive Politik im Juni 2017 mit einem Erdrutschsieg bei den Nachwahlen für den Wahlkreis Kyandondo East. Kyagulanyi trat als Unabhängiger an und schlug Kandidaten der großen Parteien wie des NRM, des Forums für den Demokratischen Wandel und der Demokratischen Partei. Dieser Sieg war umso bedeutender, als Kyagulanyis Status als berühmter Musiker selbst den amtierenden Präsidenten von Uganda und Parteichef des NRM, Yoweri Kaguta Museveni, sowie den Staatsapparat als auch den viermaligen Präsidentschaftskandidaten und ehemaligen Chef der FDC-Datei Kizza Besigye (der sich »Präsident des Volkes« nannte), an Wirkung übertraf, wobei sich beide energisch für ihre jeweiligen Kandidaten eingesetzt hatten. In einem Editorial des *Daily Monitor* über Kyagulanyis Sieg hieß es, »Ghetto-Präsident schlägt Präsident Ugandas und Präsident des Volkes« (Larok, *Daily Mirror*, 4. Juli 2017). Kyagulanis Sieg hatte wenig mit politischer Strategie oder einem bemerkenswerten Manifest zu tun; es handelte sich vielmehr um eine Demonstration der Macht musikalischer Berühmtheit – vor allem unter den Jungen, der größten Wählergruppe – und der politischen Demonstration dieser Macht. Bobi

Wine wurde schnell zur führenden Figur der Opposition und zum Hauptkritiker von Präsident Museveni. Seine Kritik brachte er effektiv in seiner Musik zum Ausdruck, mit Songs wie *Freedom fighters become dictators*, einer kaum verhüllten Anspielung darauf, dass Museveni sich in den Typ des Diktators verwandelt habe, gegen den man in den Untergrund ging, um ihn zu bekämpfen. Am 20. Juli 2019, zwei Jahre nach seinem Eintritt ins Parlament, verkündete der Musiker und Abgeordnete offiziell, bei den Präsidentschaftswahlen 2021 gegen Amtsinhaber Museveni anzutreten. Diese Entscheidung geht möglicherweise auf ein Drängen aus der Bevölkerung zurück, besonders der Jugend, und auf eine gewisse Euphorie über seinen Wahlerfolg, weniger jedoch auf Vorbereitung und vorausschauende Planung.

Der Abgeordnete Kyaluganyi gedachte, auf der Welle seines musikalischen Talents und seiner Berühmtheit zu reiten, um seine politische Machtbasis zu festigen und seine politische Agenda über seine People Power-Bewegung voranzubringen, mit der er in einigen Nachwahlen zum Parlament erfolgreich war. Dies führte dazu, dass die regierende NRM begann, sich ernsthaft mit ihm zu befassen. Schon bald bekam er Schwierigkeiten. Die Polizei hinderte ihn im Oktober 2017 daran, ein Konzert zu geben, unter dem Vorwand, er habe bei einem früheren Konzert in One Love Beach Busabala aufstachelnde Ausdrücke gebraucht (*New Vision*, 18. Oktober 2017). Eine weitere bedeutende Absage eines Konzerts betraf Bobi Wines Show anlässlich des Unabhängigkeitstags, wieder in One Love Busabala Beach. Die Polizei verwies auf nicht eingehaltene Verfahrensvorschriften. Der Musiker gibt an, dass die Polizei seit seinem Eintritt ins Parlament bis Oktober 2019 125 seiner Konzerte verboten oder blockiert und ihn somit seiner Haupteinnahmequelle beraubt habe.

Diese Auseinandersetzungen haben in vielen Bereichen der ugandischen Gesellschaft Reaktionen hervorgerufen. Die Nichtregierungsorganisation Chapter Four Uganda nannte die Polizeiaktion gegen Bobi Wine illegal und parteiisch und forderte rechtliche Konsequenzen. Der Präsident der *Federation of Performing Artists of Uganda* (FPAU), Andrew Benon Kibuuka, verurteilte die Blockade von Kyagulanyis Konzerten und forderte eine Erklärung des Generalinspekteurs der Polizei, Martin Okoth-Ochola. Er argumentierte, dass das Debakel der Polizeiaktion gegen Kyagulanyi dem Zusammenspiel von veralteten Gesetzen und Sicherheitsapparaten mit einer konfrontativen Gesinnung und einer sich rasch entwickelnden Musikindustrie geschuldet sei. Eines der infrage stehenden veralteten Gesetze ist der noch aus der Kolonialzeit stammende *Stage Plays and Public Entertainment Act* von 1943, auf den sich die Regierung berief, um die Musikindustrie und verwandte Industriezweige besser regulieren zu können, von dem andere jedoch sagen, er stehe für den Versuch, die Musikindustrie zu kontrollieren und politisch auf sie einzuwirken.

Die Regierung hat Vorwürfe, Bobi Wine werde politisch verfolgt, stets zurückgewiesen und gefordert, er solle sich vielmehr wie jeder andere auch an die Gesetze halten. In einer Antwort an die US-Botschaft erklärte Regierungssprecher Ofwono Opondo kategorisch, dass »die Regierung von Uganda den Rechtsstaat und die Verfassung respektiere, die die Versammlungsfreiheit, die Meinungsfreiheit und die Bewegungsfreiheit garantiere«. Er sagte, der Musiker sei der einzige Künstler, der aufgrund seiner Unnachgiebigkeit laufend in Konflikt mit dem Gesetz gerate, dass aber »alle Künstlerinnen und Künstler in Uganda frei seien hinsichtlich ihrer Auftritte und medialen Plattformen. [...] Ebenso hätten auch Politiker und Politikerinnen freien Zugang zu diesen medialen Plattformen« (Katungulu, *Nile Post,* 23. April 2019).

Diese Zusammenstöße beschränkten sich nicht auf Bobi Wine. Auch Journalisten waren im Zusammenhang mit seinen Konzerten betroffen. Die *Foreign Correspondents Association of Uganda* (FCAU) gab am 26. Februar 2020 eine Erklärung ab, in der sie die Freilassung ihres Kollegen Moses Bwayo forderte, der verhaftet und dessen Kamera beschlagnahmt worden war, als er einen Dokumentarfilm über einen Song des Präsidentschaftsaspiranten Robert Kyagulanyi drehte. Bwayo arbeitet für die in Großbritannien ansässige Produktionsfirma Southern Films. Robert Sempala vom *Uganda Human Rights Network* verurteilte ebenfalls die Inhaftierung von Bwayo und nannte sie eine »Verfolgung« (Wesaka, *Daily Monitor*, 27. Februar 2020). Die Polizei wiederum gab an, der Journalist sei verhaftet worden, weil er mitten auf der Straße ein Video drehte, »ohne polizeiliche Anleitung oder Erlaubnis«, was in diesem Fall einen Verstoß gegen den Public Order Management Act (POMA) von 2013 darstelle. Dieses Gesetz wurde wiederholt genutzt, um Kyagulanyis Konzerte und politische Treffen aufzulösen.

Präsident Museveni seinerseits bezeichnete Bobi Wine als einen Feind des Fortschritts, der amerikanischen Investoren geraten habe, nicht in Uganda zu investieren – ein Vorgang, den er als politische und wirtschaftliche Sabotage bezeichnet. Auf die Frage des BBC-Journalisten Allan Kasujja nach der Behinderung von Kyagulanyis Auftritten antwortete der Präsident, »wenn Sie Ihrem Land den Krieg erklären und Ausländern raten, sie sollen nicht kommen und in Ihr Land investieren, dann erklären Sie dem Wohlstand den Krieg. Wie ist es dann möglich, dass Sie kommen und aus dem Wohlstand Vorteil ziehen wollen!« In der Tat ist Kyagulanyi in westlichen Hauptstädten herumgereist und hat besonders betont, was er die politische Unterdrückung in Uganda nennt. Seine Darstellung Ugandas als eines gefährlichen Orts für Investments wurde in Uganda nicht von allen goutiert.

Protest und Zuspruch

In der Zwischenzeit hat Präsident Museveni, der stets zurückhaltend gegenüber der Kulturförderung war und als Motor der Modernisierung lieber die Wissenschaft voranbringen wollte, die Macht musikalischer Berühmtheit verstanden und gelernt, die Stars aus der Szene für die politische Mobilisierung zu nutzen. In einem Versuch, in Kyagulanyis Unterstützerbasis einzudringen und die Jugend für sich zu gewinnen, hat Museveni einen anderen berühmten Musiker angestellt, den ehemaligen Vizepräsidenten von Bobi Wines *Fire Base Crew*, Mark Bugembe, auch bekannt als Butcherman, *Presidential Advisor on Ghetto Affairs*. Museveni stellte eine weitere musikalische Berühmtheit, Catherine Kusasira, als *Senior Presidential Advisor on Kampala Affairs* ein. Die übereifrige Kusasira überwarf sich sogleich mit der Leitung des *National Resistance Movement,* das diesen Schritt des Präsidenten ablehnte. Von einem Reporter gefragt, warum der Präsident sich mehr mit Künstlerinnen und Künstlern als mit Politikerinnen und Politikern abgebe, antwortete Kusasira knapp: »Er weiß es besser« (Kashaka, *Saturday Vision,* 16. November 2019). Indem sie sich ideologisch als eine Vertreterin der regierenden NRM-Partei zu erkennen gab, erregte Kusasira – selbst Komponistin des berühmten Hits *Nkola ya takisi* – den Zorn von Fans, die mit der People Power-Bewegung sympathisierten. Kurz nach ihrer Verpflichtung durch den Präsidenten wurde sie während einer Show in Südafrika auf der Bühne ausgebuht und musste ihren Auftritt abbrechen. »Wir haben Leute wie dich satt, warum bist du nicht in Uganda. Wir holen dich von der Bühne! Kusasira, wir haben es satt!«, riefen sie (*Daily Mail*, 3. Dezember 2019). Wieder zu Hause, wurden Catherine Kusasira und Nakanguubi Jennifer, eine andere der Regierung nahestehende Künstlerin, auch bekannt als Full Figure, während einer Show in Masaka in der Nähe von Kampala von Zwischenrufen unterbrochen. Aufgebrachte junge Leute warfen Flaschen auf das Duo, das von der Bühne gebracht werden musste. Die Jugendlichen hielten ihnen vor, »mit der NRM-Partei von Präsident Museveni zusammenzuarbeiten und die fortwährende Verfolgung von Bobi Wine zu billigen« (Rubongoya, *watchdog,* 27. Dezember 2019). Dieselbe Erfahrung machte Musa Ssali, auch bekannt als Bebe Cool, ein die Regierung unterstützender Künstler, der versuchte, die angebliche Inhaftierung und Folter von Bobi Wine in Arua herunterzuspielen. Der Zwischenfall in Arua hatte zum Tod von Bobi Wines Fahrer, Yasin Kawuma, durch einen Schuss geführt, die Umstände waren unklar geblieben. Auch Bebe Cool wurde mit Flaschen beworfen und war gezwungen, die Bühne zu verlassen.

Gewalt von Musikfans

David Rubangoya führt die zunehmende Gewalt von Musikfans auf die Unterdrückung von Bobi Wine zurück. 2017 begann die Polizei, Bobi Wines Shows zu behindern und »schob ihnen bald permanent einen Riegel vor«, während dem Regime freundlich gesinnte und unpolitische Künstlerinnen und Künstler unbehindert auftreten konnten. »Diejenigen, die für das Regime singen und sprechen, erhalten vollen Schutz und Sicherheit durch den Staat«, manche genießen sogar VIP-Behandlung (Rubongoya, *Watchdog,* 27. Dezember 2019). Aus dieser Analyse folgt, dass die Politik die Musik, die die Fans zuvor geeint hatte, wie mit einem Messer gespalten hat, und dass Fans und Musiker »auseinandergefallen sind«, um den Ausdruck von Chinua Achebes Charakter Obiereka aus *Things Fall Apart* zu entleihen. Diese Zensur von Musikerinnen und Musikern durch das Publikum, die von politischen Differenzen herrührt, bedroht auch das Wachstum der Musikindustrie und beeinträchtigt die künstlerische Freiheit direkt.

Kyagulanyi sorgte kürzlich mit seinem Song *Tuliyambala Engule* (»Wir werden die Krone tragen«), der die Grenzen der künstlerischen Freiheit testete und das komplexe Geflecht von Religion und Politik in Uganda offenlegte, für Kontroversen. Der Song ist eine politische Parodie von Isaac Watts' Hymne *Am I a Soldier of the Cross*, die seinen Predigten angehängt war und zwischen 1721-24 publiziert wurde, in Musik gesetzt von dem Komponisten William B. Blake sen. (1852-1938). Das ursprüngliche Lied wurde in der Pfingstbewegung benutzt, die in den 1970er-Jahren durch Uganda ging, als Amins Regime die Verfolgung der meisten christlichen Pfingstbewegungs-Gemeinschaften verstärkte. In seiner Überarbeitung des Liedes verspricht Kyagulanyi seinem Publikum eine Zeit himmlischer Erfüllung, in der alles perfekt sein wird – nach dem Ende der Ära des Präsidenten Museveni. Watts' Lied ermutigt die christlichen Gläubigen, das Leid auszuhalten und den gerechten Kampf zu Land und zu See Seite an Seite zu kämpfen, da nach der Schlacht die Gläubigen eine leuchtende Krone in das Neue Jerusalem tragen werden. Kyagulanyi dreht diese Forderung um und macht daraus eine vernichtende Kritik am Präsidenten Museveni und der regierenden NRM-Partei. Wenn die Schlacht vorüber ist, so sagt er, werden seine Anhänger eine leuchtende Krone in das neue Uganda tragen! Zu den Hindernissen, die es zu überwinden gilt, gehören: Diskriminierung, Landraub, das Tränengas der Polizeitruppen, Diktatur und Veruntreuung. Wenn Krankenhäuser errichtet und die Müttersterblichkeit ausgerottet sein werden, wenn die Steuern gesenkt und »alle Missstände beseitigt« sein werden, dann wird die Zeit gekommen sein, die Krone zu tragen. Der Song fährt fort: Wenn die Macht den Einheimischen zurückgegeben sein wird, die Unterdrückung endet und Wahrheit und Gerechtigkeit überwiegen werden, dann »werden wir ein so großes Land genießen, Uganda«. Er fordert Wählerinnen und Wähler auf, sich zu registrieren, um Museveni mit friedlichen Mitteln von der Macht zu entfernen. Reaktionen auf den Song ließen nicht lange auf sich warten. Die Geistlichen attackierten Kyagulanyi mit dem Vorwurf der Blasphemie. Der umstrittene Pastor Martin Sempa klagte Bobi Wine an, »Jesus ersetzen zu wollen und das christliche Erbe zu entstellen, um seine eigene politische Kampagne zu befördern« (Muhindo, *The Monitor,* 3. Januar 2019). Pastor Joseph Serwadda, Vorsitzender Apostel des Glaubens der Wiedergeborenen in Uganda, warnte Bobi Wine »damit aufzuhören, Gottes Eigentum in blasphemischer Weise zu nutzen« (*Daily Monitor*, 8. Januar 2019). Der angesehene NRM-Politiker Nyombi Thembo nannte den Song das Produkt eines eskapistischen Die-Regierung-ist-an-allem-Schuld-Populismus, der an das Versprechen von Bergen von Süßigkeiten in George Orwells *Animal Farm* erinnere. Ein solcher blinder politischer Opportunismus sei in seinen Augen die größte Gefahr für die Demokratie. Er warnte, Kyagulanyi könne dasselbe Schicksal erleiden wie der biblische König Belsazar, dem Gott den Tod schickte, weil er aus den heiligen Gefäßen des Tempels in Jerusalem gegessen und getrunken hatte (*Daily Mirror*, 14. Januar 2019). Pastor Solomon Male, ein offener Kritiker der Korruption in Ugandas Regierung, verteidigte Kyagulanyi und sagte, »Bobi Wine singt über die Ungerechtigkeiten in Uganda« (*Daily Mirror*, 8. Januar 2019).

Diese Kontroverse um den Song *Tuliyambala* offenbart die doppelte religiöse und politische Konfrontation, mit der ein Kunstwerk umgehen muss, und zeigt, wie schnell künstlerische Freiheit mit Religionsfreiheit kollidieren kann.

Kyagulanyis Anziehungskraft als Star hängt eng mit seiner musikalischen Karriere und seinem Stammpublikum zusammen. Vielleicht auch mit der Sicht einiger oppositioneller Kreise, dass alles außer Museveni akzeptabel sei. Das Problem mit dem politischen Ansehen, das aus der Macht des gefeierten Musikstars gewonnen wurde, liegt in dem Publikum, das nicht zwischen Bobi Wine als dem Mythos, dem Star-Text und der Star-Person mit all ihren Widersprüchen und postmodernistischen Fragmentierungen und Eitelkeiten auf der einen Seite, und Robert Kyagulanyi Sentamu unterscheiden kann, dem Mann, der für seinen Wahlbezirk Kyadondo East sowie für die ugandische Nation in der Pflicht steht, sollte er die Präsidentschaftswahl 2021 gewinnen. Es ist auch nicht klar, wie sein musikalisches Talent und sein Ruhm ihm in den Korridoren der Macht helfen sollen, wo Strategien und Kompromisse zählen und wo kaltblütiger Verrat ebenso an der Tagesordnung ist wie Vorwahlen, Bestechungen und das Durchsetzen parteipolitischer Interessen.

Die häufigen Inhaftierungen, die angeblichen Schikanen und die Blockade von Kyagulanyis Musikshows zeigen, dass Bobi Wines artistisches Momentum in der Lage war, in der Transformation zu Kyagulanyi eine politische Bewegung auszulösen. Wie Buwembo präzise vorhergesagt hat, könnte die Kolonisierung von Kyagulanyi durch Wine der Grund für die Verfolgungen und Inhaftierungen sein. Kyagulanyis Fall zeigt jedenfalls, dass künstlerische Freiheit und Politik seltsame Bettgenossen abgeben.

Schlussfolgerung

Aus dieser Analyse ergibt sich, dass das Publikum meist nicht zwischen Musikern und ihrer Musik unterscheidet, was zu tiefen Frustrationen insbesondere bei den Fans führen kann, die der politischen Opposition nahestehen und die in der Beteiligung ihrer Lieblingsmusikerinnen und -musiker an Song-Produktionen für das Regime einen Verrat an ihrem Vertrauen und an der Kunst sehen. Spannungen sind auch erwachsen aus dem immer engeren Zusammenspiel zwischen einer mächtiger werdenden Musikindustrie und dem hegemonischen politischen Establishment, in dem beide Seiten, sowohl Künstlerinnen und Künstler als auch die politischen Persönlichkeiten, einander wechselseitig brauchen, um ihre Sichtbarkeit und den wirtschaftlichen Nutzen in komplexen gegenseitigen Verpflichtungen zu stärken. Die Veränderung des Musikgeschäfts hin zu einer Industrie mit professioneller Vermarktung und großen Deals stellt zudem das traditionelle Bild des herumreisenden Künstlers infrage, der fest in einer sozialen Struktur verankert ist und unentgeltlich Lieder mit einem didaktischen Anspruch vorträgt. Heute steht der Profit im Vordergrund, obwohl das Publikum meist noch an der idealistischen Sicht von Künstlerinnen und Künstlern festhält, die über der Politik und über dem Vorwurf der Parteinahme stehen; wenn sie sich jedoch offen zu einer politischen Meinung bekennen, dann sollten sie sich nicht auf die Seite der Staatsmacht schlagen. Geld wird als ein korrumpierender Virus betrachtet, der Künstlerinnen und Künstler kompromittiert. Diese Auffassung untergräbt wiederum die Freiheit des künstlerischen Ausdrucks. In diesem Zusammenhang ist die Frage von Bedeutung, wie sich die Kunst als eigenständige gesellschaftliche Kraft und als Produkt der Inspiration zu einer Kunst verhält, die auf Nachfrage und gegen Geld und Gefälligkeiten entsteht, wobei Geld selbstverständlich auch als motivierender Faktor der künstlerischen Inspiration gelten muss – Regierungen haben die Pflicht, Künstlerinnen und Künstler zu unterstützen. Auch wenn diese in unserer neo-liberalen Ökonomie für ihren Lebensunterhalt auf das Geldverdienen angewiesen sind – anders als in einer integrierten traditionellen Ökonomie – so liegt es doch an ihnen selbst, sich ihrer künstlerischen Mission zu vergewissern und der kompromittierenden Unterwerfung unter Staat und Kapital zu entgehen. So können sie die Achtung für ihren Beruf erhalten und ihre künstlerische Freiheit im Sinne des Gemeinwohls wahrnehmen. Aber auch das Publikum muss den Unterschied zwischen der Kunst, den Kunstausübenden selbst und ihrem Recht auf Freiheit des künstlerischen Ausdrucks verstehen und beachten, wozu auch die politische Stellungnahme in der Kunst zählt, bis hin zu der Freiheit, sich über religiöse Sensibilitäten hinwegzusetzen. Dies zwingt uns, unser grundlegendes und an der Oberfläche postmodern geprägtes Verständnis von Ästhetik zu überdenken.

Eine weitere große Gefahr für die Kunstfreiheit ist die staatliche Kontrolle der Produktion und des Konsums von Kunst durch selektive Anwendung der Gesetze. Der irische Schriftsteller Oscar Wilde schrieb im Vorwort zu *The Picture of Dorian Gray*: »All art is quite useless« – alle Kunst ist gänzlich nutzlos. Vielleicht kann man den Satz umformulieren und sagen, der überwiegende Teil der politischen Kunst in Uganda ist gänzlich nutzlos.

Aus dem Englischen von Francesca Ferretti und Roland Bernecker

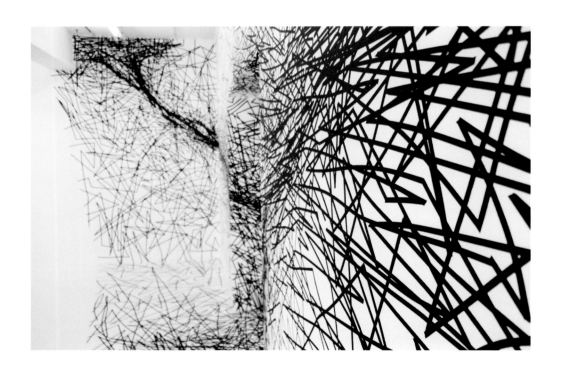

Der Dorn im Auge

Von Mohamed Anwar

»*Der Weg zur Hölle ist mit guten Vorsätzen gepflastert.*«
Sufi-Weisheit

Präsident Mubarak stand 30 Jahre an der Spitze der Macht in Ägypten. Diese Ära wurde durch die Protestwellen des arabischen Frühlings, welche sich von Tunesien aus auch in den benachbarten Ländern ausbreiteten, beendet. Am Abend des 11. Februar 2011 feierte die Masse, die an der Revolution teilnahm, den Sturz des Diktators auf dem Tahrir-Platz in Kairo.

Nach den insgesamt 18 Tagen der Revolution begannen wir, meine Karikaturisten-Kolleginnen und -kollegen und ich, uns über die Themen Gedanken zu machen, über die wir in Zukunft zeichnen würden. Wir hatten die Diktatur gestürzt, und eine neue Ära hatte begonnen. Das Bild eines strengen, gefühllosen Kairo hatte sich in unseren Augen verwandelt. Es wurde sanfter und romantischer. Also gut: Wir würden über die Schönheit, das Recht und das Gute, die in dieser Heimat vorherrschen würden, sowie über die Träume, die Wirklichkeit würden, zeichnen. Dies war meines Erachtens derselbe Fehler, den man später in der Politik begangen hat. An diesem Tag schwankten meine verwirrten Gefühle zwischen Freude und Trauer.

Ich fuhr in mein Büro und brachte mit größter Begeisterung eine Karikatur zu Papier, die am nächsten Tag gedruckt werden sollte. Jetzt, neun Jahre nach der Revolution, betrachte ich diese Zeichnung als eines der naivsten Werke meiner journalistischen Karriere überhaupt.

Man sieht darauf einen Arzt, der ein neugeborenes Kind auf dem Arm hält und der Familie des Neugeborenen, die das ägyptische Volk symbolisiert, gratuliert: »Herzlichen Glückwunsch, Sie haben eine Heimat bekommen!«.

Die Zeichnung ist voller verklärter Romantik von einer neuen Heimat ohne Diktatur. Wir hatten keine Ahnung von den Schwierigkeiten, die da auf uns zukommen sollten. Unsere Vorstellungen davon, wie sich eine Demokratie entwickelt und umgesetzt wird, waren sehr vage, speisten sich aus Vergleichen mit anderen Ländern mit ähnlichen

Entwicklungen. Wir standen vor etwas, das wir nicht kannten. Die folgenden Jahre zeigten, dass die Sache komplizierter war, als wir es uns vorgestellt hatten.

Meine journalistische Arbeit als politischer Karikaturist hatte 2007 während meines Studiums begonnen. Angespornt von den gesellschaftlichen und politischen Unruhen, die sich seit 2005 in Ägypten verstärkt hatten, haben meine Kolleginnen und Kollegen und ich über Korruption, Diktatur und das Vorhaben Mubaraks, die Macht an seinen Sohn zu vererben, gezeichnet. Meine Karikaturistengeneration nutzte die im ersten Jahrzehnt des neuen Jahrtausends vom Regime erteilte Erlaubnis privater, unabhängiger Zeitungen und erkämpfte sich dort nach und nach Freiräume. Dies trug zur Wiederbelebung der politischen Kunst der Karikatur in Ägypten bei, nachdem sie schon fast ganz von der journalistischen Bildfläche verschwunden war. Es bedurfte eines Freiraums und eines mutigen Chefredakteurs. Selbstverständlich durften die Zeichnungen trotzdem nicht zu riskant und gewagt sein.

So war es nicht überraschend, dass Ägypten eines Morgens mit einer satirischen Zeichnung über Mubarak auf der Titelseite der Zeitung *Aldostor* begrüßt wurde, einer der ersten unabhängigen Zeitungen, die zu dieser Zeit erschienen. Auf der Karikatur war zu sehen, wie das ägyptische Volk Mubarak einen Nackenschlag verpasste.

Gelegentliche Auseinandersetzungen, Kontrollen und Belästigungen blieben nicht aus. Jedoch hatten wir einen Freiraum für eine direkte Kritik am Präsidenten, der sehr wichtig war.

Ende 2011, als die Muslimbruderschaft an die Spitze der Macht aufstieg, erlebte die Zeitung, in der ich täglich meine Zeichnungen veröffentlichte, eine heftige Bedrohungskampagne durch die Muslimbruderschaft und ihre Anhänger. Anlass war eine Karikatur, in der ich die Politik, das Machtmonopol und die Machtgier der Muslimbruderschaft sowie den von ihnen angestrebten Kurs, den Staat in einen Religionsstaat zu verwandeln, kritisierte. Die Vorwürfe lauteten, ich hätte den Islam beleidigt. Es wurde dazu aufgerufen, den Sitz der Zeitung anzugreifen und zu stürmen, was den damaligen Chefredakteur dazu brachte, sich öffentlich für die Zeichnung zu entschuldigen, um die Zeitung und die Mitarbeiterinnen und Mitarbeiter zu schützen. Mit solchen oder ähnlichen Vorwürfen sowie Anzeigen mit Pauschalvorwürfen wie z. B. »Schmähung der Religion« waren zahlreichen Kolleginnen und Kollegen konfrontiert. Die Religion war wie eine auf die angeblichen Gegner gerichtete Waffe immer präsent: ständige Drohungen mit der Bezichtigung des Unglaubens und Gewaltanwendung gegen alle Kritiker des politischen Islam.

Nachdem die Armee die Muslimbruderschaft in einer der blutigsten Perioden der modernen Geschichte Ägyptens entmachtet hatte und die Organisation verboten worden war, schwappten Wellen der Gewalt und des Terrorismus über Ägypten. Dies war natürlich ein willkommener Vorwand für das neue Regime, alle Gruppierungen und Individuen, die oppositionelle Ansichten gegen die Regierung vertraten, des Verrats zu bezichtigen. Die Rede von Verrat und Vorwürfe der Zugehörigkeit zu Terrororganisationen waren in aller Munde. Nachdem das Regime wieder angefangen hatte, alle Informationsmedien von Fernsehsendern über Zeitungen bis hin zu Radiosendern zu kontrollieren, wurden die Fernsehsender erneut mit Propaganda überschwemmt. Man konnte genau beobachten, wie die Freiräume für kritische politische Karikaturen sukzessive eingeengt wurden und schließlich aus den Zeitungen verschwanden, die eine nach der anderen mundtot gemacht bzw. dem nationalistischen Duktus angepasst wurden.

Kritisch-politiksatirische Fernsehsendungen in den Fernsehkanälen verschwanden ebenfalls. Einige Moderatoren leben mittlerweile sogar im Zwangsexil, wie z. B. Bassem Youssef, der »Jon Stewart Arabiens«, wie ihn seine Fans gerne nennen, einer der wichtigsten Moderatoren satirischer Sendungen im Nahen Osten. Youssefs Sendungen übten scharfe Kritik an der Muslimbruderschaft und danach am jetzigen Regime und erreichten hunderte Millionen von Zuschauern in der arabischen Welt.

Die Sendung war unter beiden Regimes Drohungen und Blockaden ausgesetzt, bis sie schließlich endgültig abgesetzt wurde.

Die Situation änderte sich nicht wesentlich gegenüber früher. Obwohl beide Regime unterschiedliche politische Kurse verfolgen, wurde einfach nur die Waffe der Religion durch die Waffe vom Vorwurf eines angeblichen »nationalen Verrats« ersetzt, die auf jeden, der andere Ansichten vertritt, gerichtet wird.

Nicht nur der Nahe Osten ist vom Aufstieg der politischen Rechten betroffen. Auch in den USA haben Karikaturisten ihren Job verloren, als Trump an die Macht kam. Und Musa Kart, der türkische Karikaturist, sitzt in der Türkei in Haft, weil er über Erdogan gespottet hat. Arabische, darunter ägyptische Karikaturisten und Satiriker müssen ins Exil gehen, ohne Aussicht auf Rückkehr in ihre Heimatländer.

Die arabische Region gerät in ihrer Geschichte immer wieder unter die Herrschaft einer rechtskonservativen Regierung, sei sie religiös oder militärisch von nationalistischem Duktus geprägt. Manchmal kommt es zu einer Mischung – und das ist dann am schlimmsten – aus religiöser und militärischer Regierung, wie es im Sudan der Fall war, bevor das Al-Baschir-Regime 2019 gestürzt wurde.

Der rechte Duktus, sei er nationalistisch oder religiös, bedient sich einer populistischen Propagandamaschine, deren Hauptaufgabe darin besteht, Verbote und scheinbar unveränderliche Konstanten von Tabus zu schaffen. Tabu kann beispielsweise die Kritik an einer religiösen Institution sein, die den Ausschluss des Kritikers aus der Religion zur Folge hätte, oder auch nur die kritische Diskussion der Politik des geliebten Machthabers, die einem Vaterlandsverrat gleichkäme. Je fester diese Tabus verhärtet werden, desto grausamer wird die Propagandamaschine.

Im Gegensatz dazu ist das Hauptanliegen der politischen Satire, scheinbar feste Wahrheiten zu hinterfragen, die Neugier anzustacheln und die Phantasie zu wecken.

Lachen befreit

Satire wird durch gewaltige Übertreibung wirksam. Je übertriebener und zugespitzter die Pointe, desto stärker das Lachen. Pragmatik gehört also, nach meiner eigenen Definition, nicht zu den Werkzeugen der Satire. Ganz im Gegenteil fördert Satire Fantasie und Hoffnung und stellt Realität und Ängste in den Hintergrund. Dies ist der Grund, weshalb Satire der politischen Rechten so ein Dorn im Auge ist.

Die politische Satire greift immer die stärkere Seite der Gleichung an. Ihre Effizienz steigt mit dem immer stärkeren Brechen der Tabus, welche durch die rechte Propaganda definiert werden. Das macht die politische Rechte, sei sie nationalistisch/national oder religiös, zu Feinden aller satirischen Kunstformen.

Dieser scharfe Kontrast zwischen den beiden Haltungen und Weltanschauungen erklärt auch, warum sich Menschen, die sich für rechte oder konservative Ideen einsetzen, sehr selten dafür der Satire bedienen.

Von Mubaraks Regime über die Muslimbruderschaft bis hin zum gegenwärtigen Regime existieren ständig veränderte, unterschiedliche rote Linien, deren Kritik unter strengem Verbot steht. Früher stellte Gamal Mubarak, Sohn des Präsidenten Hosni Mubarak, eine solche rote Linie dar. Uns ist es aber gelungen, diese zu durchbrechen. Nach dem Erfolg der Revolution veränderte sich die Situation, sodass die religiöse Weihe, welche das Regime der Muslimbruderschaft als Schutz nutzte, zur neuen roten Linie wurde. Trotzdem konnten wir uns Gehör verschaffen und uns behaupten, indem wir über den höchsten Verantwortungsträger innerhalb der Muslimbruderschaft zeichneten und uns über seine Politik lustig machten. Jedoch war der Preis dafür – Drohungen und der Vorwurf der Apostasie – letztlich zu hoch. Mittlerweile bringt auch nur der Verdacht einer Kritik an der Politik des gegenwärtigen Regimes die Gefahr mit sich, dass man des Landesverrats beschuldigt und durch Sicherheitsbehörden verfolgt wird.

Die festesten und manchmal stärksten Tabus waren die gesellschaftlichen: Traditionen, die auf konservativen religiösen oder lang überlieferten beruhen. Konservative Gesellschaften befürchten immer, ihre Privilegien zugunsten der schwächeren, ethnischen/sozialen/politischen Parteien zu verlieren. Deswegen nutzt die rechte bzw. konservative Propagandamaschine diesen Zustand aus, um Angst vor dem religiösen/kulturellen/politischen Anderen im Rahmen der Politik zu schüren.

Rechte und insbesondere autoritäre Regime, wie in einigen Ländern des Nahen Ostens, glauben, dass ihre Regierungsfähigkeit von der Macht ihres Prestiges, von der öffentlichen Meinung herrührt, jedoch nicht von ihrer politischen und wirtschaftlichen Regierungskompetenz. Folglich steht die politische Satire, die ihr Prestige hinterfragt, im Fadenkreuz ihrer Bemühungen, Gegner mundtot zu machen.

Zehn Jahre nach den Revolutionen des Arabischen Frühlings, bei deren Unterstützung soziale Medien eine große Rolle spielten, ist eine kritische Meinungsäußerung gegen die Regierungspolitik über den eigenen Social Media-Account bereits Anlass genug für die Verbüßung einer mehrjährigen Haft. Daher beginnen soziale Medien, ihre Bedeutung als Raum für Meinungsfreiheit zu verlieren.

Dies klingt nach einer harten Lektion. Wir haben im Laufe der letzten zehn Jahre einiges lernen müssen. Politische Satire kann eine hässliche Realität aufdecken, Korruption und Diktatoren verspotten, aber sie wird die gesellschaftlichen und politischen Zustände niemals alleine ändern können. Sie zeigt den Weg zur Demokratie auf, der jedoch lang und unbekannt ist.

Politische Satire – als eine Form der politischen Meinungsfreiheit – wird jedoch weiterhin ein Kriterium für die Praktizierung von Demokratie in den Gesellschaften sein, insbesondere mit einer aufsteigenden politischen Rechten (sowohl nationalistisch als auch religiös), vor allem im arabischen Raum, aber auch weltweit. Von daher ist die Erhaltung freier und offener Räume für die Ausübung dieser Kunstform das Kernstück der Verteidigung der Werte der Demokratie.

Aus dem Arabischen: Proverb oHG, Stuttgart

Sprache(n) der Freiheit

Von Jürgen Trabant

Langue de la liberté, »Sprache der Freiheit«, nannte der Abbé Grégoire, der jakobinische Sprachpolitiker der Revolution, 1794 das Französische. Das Französische war die Sprache, in der die Menschenrechte und die Republik ausgerufen, also die Freiheit verkündet worden war. Die Würde und das Pathos der Freiheit werden mit dem Ausdruck *langue de la liberté* von den Freiheits-Reden auf die Sprache selbst übertragen. Und, so geht die Beschwörung der Sprache der Freiheit weiter, nun müssten auch alle Franzosen (die damals mitnichten alle Französisch sprachen) diese Sprache lernen, die anderen Sprachen Frankreichs seien zu »vernichten« (*anéantir*), ja die besondere politische Würde des Französischen begründe gar seinen Anspruch auf weltweite Geltung, als Sprache der freien Menschheit.

Dass eine Sprache die Eigenschaft ihrer Sprecher oder bestimmter Diskurse hat, ist eine höchst problematische Annahme. Aber es ist eine traditionell übliche Übertragung: Man nennt das Englische die Sprache Shakespeares, das Deutsche – je nachdem – die Sprache Goethes oder Hitlers. Man leiht sich also den Ruhm oder die Schande berühmter Sprecher und Texte zur Charakterisierung einer Sprache aus, als ob diese wesenhaft miteinander verbunden wären. In diesem Sinne ist das Französische zur Sprache der Freiheit proklamiert worden. Aber nichts an der lexikalischen oder grammatischen Struktur des Französischen prädestiniert diese Sprache zum Ausdruck politischer Freiheit, nichts an ihr ist durch die Freiheitsreden politisch »frei«. In jeder anderen Sprache kann sich die Stimme der Freiheit erheben. Jede Sprache ist möglicherweise oder tatsächlich *langue de la liberté.*

Die Propagandisten der »Sprache der Freiheit« waren höchst intolerant den Leuten gegenüber, die diese Sprache nicht sprachen oder sie »falsch«, also nicht im Sinne der Freiheit verwendeten. Zur Verteidigung der Freiheit erdachten sie ein subtiles System zur Auslöschung anderer Sprachen: Die Schule der Republik hat später die Sprachen Frankreichs vernichtet, so wie die Jakobiner es gewünscht hatten. Und die Freiheitsfreunde haben ein Sprachreinigungsprogramm aufgelegt, das Verletzungen der »Freiheit« ahndete. Wer immer noch »der König« statt »der Tyrann«

sagte, war klar als Feind der Freiheit erkennbar – und bedroht an Leib und Leben. Die Sprache der Freiheit lief damit auf ein Regime höchster sprachlicher Unfreiheit hinaus. Orwell hat das ja in seinem Roman »1984« im Konzept von *newspeak* konsequent zuende gedacht. Das politische Verfahren der »Befreiung« der Sprache von politischem Schmutz ist seitdem in der Welt: Wer »Studenten« sagt statt »Studierende« oder »Studentinnen und Studenten«, ist klar als Sexist erkennbar, wer »Flüchtling« statt »Geflüchteter« sagt, als Rassist und Fremdenhasser – mit den entsprechenden politischen Sanktionen. Die Sprache der Freiheit ist also ein sprachpolitisches Konzept, das offensichtlich regelmäßig dialektisch in sein Gegenteil kippt.

Es tut es selbst da, wo etwas ganz anderes mit der Formel gemeint ist: Sprachgemeinschaften, deren Sprachen von einer dominanten Sprache unterdrückt und verdrängt werden, betrachten ihre unterlegenen Sprachen als »Sprachen der Freiheit«, der Freiheit nämlich von der Herrschaft einer anderen. In diesem Sinne sind zum Beispiel in Katalonien oder im Baskenland das Katalanische und das Baskische als »Sprachen der Freiheit«, der Freiheit nämlich von der Hegemonie des Kastilischen, betrachtet worden. Der Selbstbehauptungskampf unterdrückter Sprachgemeinschaften ist tatsächlich ein Freiheitskampf und die verteidigte Sprache das Symbol der kulturellen und politischen Befreiung. Das Problem scheint aber zu sein, das Ende des Freiheitskampfes vernünftig abzuschätzen. In Katalonien ist – nach dem Ende der Franco-Diktatur und der damit verbundenen Diktatur des Kastilischen – der Freiheitskampf in eine Unterdrückung des Kastilischen umgeschlagen. In einem Kampf sozusagen bis zum Endsieg ist die Sprache der Freiheit inzwischen zur Sprache der Unfreiheit geworden.

Freiheit (von) der Sprache

Von »Freiheit« im Zusammenhang mit Sprache zu sprechen wirft auch die Frage nach der Freiheit von der Sprache auf, und zwar in zweierlei Hinsicht: erstens im Hinblick auf strukturelle Zwänge für das Sprechen und zweitens im Hinblick auf sprachliche Zwänge für das Denken des Menschen.

In der ersten Hinsicht ist in der Sprachtheorie die Frage diskutiert worden, wie sehr sprachliche Strukturen denn das Sprechen bestimmten Zwängen unterwerfen bzw. umgekehrt: wie frei das Sprechen überhaupt sein kann. Sprechen ist ja an Regeln gebunden, die jede Sprache vorgibt und an die man sich zu halten hat, wenn man verstanden werden will. Dichter haben sich daher beklagt, dass diese kollektive Regelhaftigkeit der Sprachen, ihre Gebundenheit an die Vergangenheit und an die Sprachgemeinschaft, die Allgemeinheit ihrer Wörter ihnen nicht genügend Freiheit ließe, das zu sagen, was sie individuell empfinden. Der französische Schriftsteller Roland Barthes hat sogar gemeint, die Regeln einer Sprache seien »faschistisch«. Diese politische Parallele verkennt aber die spezifische politische Qualität sprachlicher Regeln, die nämlich gerade Freiheit ermöglichen, was man von faschistischen Zwangsregeln nicht sagen kann. Es besteht natürlich überhaupt kein Zweifel daran, dass die Regeln der Sprache sozial verbindlich sind. Wilhelm von Humboldt hat in dieser Hinsicht von der »Gesetzmäßigkeit« der Sprache gesprochen, die eine bestimmte »Macht« ausübe. Aber er hat gleichzeitig auch gesehen, dass der Sprecher die »Freiheit« hat, »Gewalt« gegen die Sprache anzuwenden, um das zu sagen, was er sagen will. Im Grunde hat Humboldt das Sprechen des Individuums als einen permanenten Freiheitskampf gefasst: »In der Art, wie sich die Sprache in jedem Individuum modificirt, offenbart sich, ihrer Macht gegenüber, eine Gewalt des Menschen über sie« (*Verschiedenheit*, S. 65). Und der italienische Sprachwissenschaftler Benvenuto Terracini hat in seinem Buch »Freie Sprache und sprachliche Freiheit« (*Lingua libera e libertà linguistica*, Turin 1963) genau diesen Freiheitsraum kreativer sprechender und schreibender Individuen ausgelotet, indem er zeigt, in welcher Freiheit Dichter die sprachlichen Regeln nutzen und transformieren.

Der die geistige Freiheit des Menschen betreffende zweite Aspekt der Frage nach den sprachlichen Zwängen ist der, welche »Macht« denn die Sprache auf das Denken des Menschen ausübt. Insbesondere stellt sich die immer noch leidenschaftlich diskutierte Frage, wie sehr und wie tief die semantischen Strukturen einer Einzelsprache das Denken der Menschen beeinflussen. Diese Frage wird diskutiert, seitdem Europa in der Begegnung mit den Sprachen der Welt bemerkt hat, dass die Sprachen nicht nur einfach verschiedene Laute für universell identische Bedeutungen sind, sondern dass sie verschiedene Begriffe, also verschiedenes »Denken« enthalten. Sprachverschiedenheit ist seit dieser Einsicht tiefer geworden, sie ist nun nämlich eine kognitive Verschiedenheit. Humboldt hat die Verschiedenheit der Sprachen daher eine Verschiedenheit von »Weltansichten« genannt. Wenn die Gedanken in den Sprachen verschieden sind, stellt sich natürlich die Frage, wie tief diese sprachlichen Weltansichten denn in das Denken der Menschen eindringen, ob diese also unser Denken determinieren und damit unsere Denkfreiheit beschränken. Der sogenannte sprachliche Relativismus hat nun in der Tat gemeint, dass die einzelsprachliche Semantik das Denken in enge Grenzen zwänge. So nahm etwa B. L. Whorf (*Sprache, Denken, Wirklichkeit*, Reinbek 1963) an, die Hopi-Indianer hätten keinen Begriff von Zeit, weil ihre Sprache keine entsprechenden sprachlichen Mittel (etwa »Tempora«) dazu bereitstelle. Geradezu sprachbedingte Klaustrophobie verbreitet Ludwig Wittgensteins berühmter Satz: »Die Grenzen meiner Sprache bedeuten die Grenzen meiner Welt.« Gegen einen solchen sprachlichen Determinismus hat der Universalismus der Chomsky'schen Linguistik am lautesten protestiert und jeglichen Einfluss einzelsprachlicher Strukturen auf das Denken negiert. Die Wahrheit in dieser Frage liegt wohl in der Mitte, wie Guy Deutscher (*Im Spiegel der Sprache*, München 2010) und Martin Thiering (*Kognitive Semantik und kognitive Anthopologie*, Berlin 2018) in ihren Berichten über entsprechende Forschungen gezeigt haben: Die Einzelsprachen haben einen gewissen Einfluss auf das Denken, sie »färben« das Denken gewissermaßen, sperren es aber nicht in geistige Gefängnisse ein. Die »Macht« der Sprachen über das Denken ihrer Sprecher ist keine Gewaltherrschaft, sie ist gerade nicht faschistisch. Das Denken bewegt sich nämlich in einem großen Freiraum, der sich weit über die einzelsprachlichen Strukturen hinaus erstreckt. So lässt wissenschaftliches Denken zum Beispiel die einzelsprachlichen »Ansichten« notwendigerweise hinter sich. Auch wenn wir immer noch sagen: »Die Sonne geht unter«, so wissen und denken wir doch – frei von der Sprache – dass nichts dergleichen geschieht, sondern dass die Erde sich um die Sonne dreht.

Diese Freiheit des Denkens von der Sprache ist im übrigen auch der Grund dafür, dass die sprachliche Gehirnwäsche, denen uns die modernen Aktivisten der »Sprache der Freiheit« unterwerfen wollen, sowohl von einer falschen Grundannahme ausgeht – die Sprache determiniere des Denken – als auch letztlich zum Scheitern verurteilt ist: Erstens kann ich die »Studentinnen und Studenten« als geschlechtsfreies generisches Ensemble denken, und zweitens kann ich sagen und denken, was ich will, solange ich in einem politischen Reich der Freiheit lebe. Dessen Herz ist nämlich die freie Rede.

Freie Rede

Damit bin ich beim letzten und wichtigsten Aspekt des Themas »Sprache und Freiheit«. Es ist völlig gleichgültig, welche Sprache ich spreche, Französisch, Baskisch, Katalanisch, Kastilisch, Hopi oder Deutsch, alle sind mögliche Sprachen der Freiheit. Denn der Ort der Freiheit ist die Rede: Als individueller Sprecher habe ich »Freiheit« gegenüber den »Gesetzen« bzw. »Gewalt« über die »Macht« der jeweiligen Sprache, und zweitens spreche ich in einem politischen Raum, der mir die Freiheit lässt zu sagen, was ich möchte. Dieser ist die Demokratie. Insofern hatten die französischen Revolutionäre recht: Die Republik bzw. was sie damit sagen wollten: die Demokratie ist der Ort, welcher der Rede Freiheit gewährt. Aber nicht die Sprache der Freiheit, sondern die Freiheit der Rede ist die politische Errungenschaft, die wir der Revolution verdanken.

Von Credit-Point-Jägern zu Zukunftsgestaltern

Von Olaf-Axel Burow

*»Herauszufinden wozu man sich eignet
und eine Gelegenheit zu finden dies zu tun
ist der Schlüssel zum Glücklichsein.«*
John Dewey

Während die Digitalisierung immer weitere Bereiche unseres Lebens erfasst und wir uns mitten im – vom damaligen Google-Chef Eric Schmidt vorhergesagten – *New Digital Age* (Schmidt & Cohen 2013) befinden, verharren zu große Bereiche unseres Bildungssystems und insbesondere viele Schulen in alten Mustern. Obwohl die Lernzielorientierung formal durch den Kompetenzbegriff abgelöst wurde, der darauf abzielt Wissen, Wertorientierungen und Handlungsfähigkeit miteinander zu verbinden, werden Schüler und Schülerinnen noch immer nach Alterskohorten sortiert, die fließbandmäßig vorrücken und zu oft noch zur gleichen Zeit das Gleiche lernen müssen – mit fatalen Folgen. Lernen ist ein individueller Prozess, und so ist es wenig erstaunlich, dass viele Schüler mit der fabrikmäßigen Organisation von Lehr- und Lernprozessen Schwierigkeiten haben, wie sie unsere Schulen seit Beginn der industriellen Revolution und der Ausrichtung an Preußens militärischer Kadettenschulung prägen.

Was für die Industriegesellschaft noch geeignet sein mochte, funktioniert in der globalisierten Wissensgesellschaft und im anbrechenden digitalen Zeitalter immer weniger, denn unsere Schulen wurden für ein anderes Zeitalter und eine andere Gesellschaft konzipiert. So befinden wir uns – wie Stefan Reckwitz (2019) herausgearbeitet hat – seit den siebziger Jahren des 20. Jahrhunderts im Übergang vom industriellen zum kulturellen Kapitalismus. Galt in ersterem das Primat des Allgemeinen, geht es im kulturellen Kapitalismus immer häufiger um Singularität, Einzigartigkeit. Wissensvermittlung allein – nach dem Modell »Für alle zur gleichen Zeit das Gleiche« – reicht nicht mehr aus. Heute geht es immer stärker um Individualisierung und die Fokussierung auf neigungs- bzw. talentorientierte Potenzialentfaltung. In den Vordergrund rücken dabei die »21st-century-skills«, wie sie Fadel, Bialik & Trilling (2017) benannt haben:

— kritisches Denken und Problemlösen
— Kommunikation und Kollaboration
— Kreativität und Innovation

Die Ausbildung dieser skills kann nicht länger auf der Vermittlung von Wissen entlang der Linien willkürlich zugeschnittener Schulfächer basieren, sondern bedarf der Entwicklung fächerübergreifender, handlungs- und projektorientierter Formate, in denen Heranwachsende in leistungs- und neigungsgemischten Teams nicht nur altes Wissen nachlernen, sondern auch Neues in die Welt bringen. Wie Ulrich Weinberg (2015) bei der Vorstellung eines solchen innovativen Formats, dem *Design Thinking*, ausführt, müssen wir lernen, das »Brockhaus-Denken« zu überwinden. Otto Scharmer (2019) vom MIT fordert ganz in diesem Sinne die Befähigung zum Erspüren der entstehenden Zukunft, die er in seiner Theorie U als *presencing* bezeichnet. Hier geht es darum, sich von alten Denkmustern zu lösen und im Durchgang der Stationen *open mind*, *open heart* und *open will* freie Räume für die Entwicklung innovativer Ideen und eingreifender Zukunftsgestaltung (Burow 1996) zu schaffen.

Was wissen wir über kreative Persönlichkeiten?

Wenn es also wichtiger wird, Schüler und Schülerinnen, aber auch Studierende stärker zu eigenständigem, zukunftsorientiertem kreativen Denken und Handeln zu befähigen, dann ist es hilfreich, sich einige Ergebnisse der klassischen Kreativitätsforschung vor Augen zu führen, wie sie der amerikanische Sozialpsychologe Howard Gardner (1996) in seinem Buch »So genial wie Einstein« herausgearbeitet hat. Aufgrund einer Analyse von Lebenswegen der »Schöpfer der Moderne« (Freud, Einstein, Picasso, Strawinsky, Graham und Ghandi) kommt er zu Einsichten, die auch für die gezielte Kreativitätsförderung von Bedeutung sind. Jede dieser Personen steht für eine Neuschöpfung in ihrem Bereich. Was ist diesen Kreativen gemeinsam? Sie verfügten über eine *frühe Begabung*, die sich in einer frühreifen Meisterschaft in einem Gebiet äußerte; in ihrer Umgebung befand sich *eine Person, die diese Begabung erkannte und sie förderte*; sie verfügten über die *Fähigkeit, Asynchronien auszuhalten*, d.h. sich in einen Gegensatz zu den herrschenden Auffassungen ihrer Zeit zu setzen; weiterhin benötigten sie mindestens *zehn Jahre harter Arbeit*, um einen Durchbruch zu erzielen. Entscheidend für ihre Kreativität ist allerdings »eine Denkweise, eine Intuition, wie man sie gewöhnlich dem menschlichen Bewusstsein früher Altersstufen zuordnet.« (Gardner 1996, S.473). Die erfolgreiche »Fusion« von frühreifer Meisterschaft und dem *lebenslangen Bewahren der Fähigkeit zum kindlichen, intuitiven Denken* bildet Gardner zufolge den entscheidenden Faktor für ihre außergewöhnlichen Leistungen.

Wie ich in meiner »Theorie des Kreativen Feldes« (Burow 1999/2015) gezeigt habe, reicht individuelles Talent allein allerdings nicht aus: Wie z.B. die Biographien der Innovatoren aus dem Silicon Valley (vgl. Isaacson 2018) gezeigt haben, *muss man zur geeigneten Zeit die richtige Domäne (das Fachgebiet) wählen, geeignete Synergiepartner mit ergänzenden Fähigkeiten finden und über eine soziale Intelligenz verfügen, die es einem ermöglicht, vom Feld (den Fachautoritäten) anerkannt zu werden.*

So wurden beispielsweise viele der Innovatoren der Digitalisierung wie z.B. Bill Gates, Paul Allen und Steve Jobs zwischen 1953 und 1956 im Umfeld des Silicon Valley geboren und wuchsen in einer Umgebung auf, in der ihre Neigungen nicht nur gefragt waren, sondern es auch ein förderliches Umfeld gab. Ihre schöpferische Leistung war darüber hinaus das Ergebnis einer besonderen Passung unterschiedlicher Neigungsprofile: So hatte der visionäre Steve Jobs das Glück, auf den Technik-Freak Steven Wozniak zu treffen, ebenso wie der geschäftstüchtige Bill Gates in dem technikaffinen Paul Allen einen kongenialen Synergiepartner fand. Die Mischung von Personen mit einander ergänzenden unterschiedlichen Fähigkeiten, die in einer kreativitätsförderlichen Umgebung aufwachsen, bildet also eine wesentliche Grundlage für die Freisetzung von Kreativität und das Entstehen von Innovationen. Aus diesen Einsichten können wir Konsequenzen für erfolgversprechende Maßnahmen der Kreativitätsförderung ziehen und zeigen, was Bildungseinrichtungen tun müssen, wenn sie sich zu Orten der Potenzialentwicklung, zu »Kreativen Feldern« wandeln wollen.

Das Synergieteam: Der Schlüssel zur Freisetzung von Kreativität

Wie ich in »Team-Flow« gezeigt habe, sollten Lehrkräfte, Ausbilder und Trainer sich von der Illusion verabschieden, dass alle zur gleichen Zeit das Gleiche lernen. Vielmehr geht es darum, die Lernenden in einem ersten Schritt dazu zu befähigen, ihr »Element« zu entdecken, also die besondere Fähigkeit, Begabung oder Neigung, über die sie verfügen und die sie aus innerem Antrieb vervollkommnen möchten. Denn wie der Gallup-Strength-Finder (Buckingham & Clifton 2014) gezeigt hat, stellt die Entwicklung unserer Stärken den Königsweg zur Freisetzung von Kreativität und bisweilen auch Spitzenleistungen dar.

Doch dazu muss man kein geborenes Genie sein, denn Untersuchungen zeigen, dass nur jeder siebente Hochleister auch hochbegabt ist. Entscheidend sind Willensstärke und die 10.000-Stunden-Regel: Wir alle können in den meisten Disziplinen in den Bereich von Spitzenleistungen gelangen, wenn wir 10.000 Stunden gezielten Trainings absolvieren. Doch dieses Training ist nur dann sinnvoll, wenn es unserer Begabung oder Neigung entspricht. Dummerweise sind Talente nicht frühzeitig erkennbar und vermutlich auch nur begrenzt förderbar, denn Spitzenleistung ist ein Produkt höchster Individualität. Doch Untersuchungen zeigen (Possemeyer 2014), dass Spitzenathleten eine Gemeinsamkeit hatten: Sie waren in ihrer Kindheit »Sampler«, Ausprobierer: So konnten sie herausfinden, was ihnen am meisten lag. Das Basketball-Genie Dirk Novitzki (Pletzinger 2019), um ein Beispiel zu geben, hatte verschiedene Sportarten erprobt und wäre ein mittelmäßiger Schüler und Sportler geblieben, hätte er nicht das Glück gehabt, mit 15 Jahren zufällig von einem Basketballtrainer erkannt und gezielt gefördert zu werden.

Leider folgt die Mehrzahl unserer Schulen einem Standard-Curriculum, das weder gezielt nach Neigungen sucht noch flexibel genug ist, um die Ausbildung individueller Profile zu unterstützen. Zu stark wirkt immer noch die am Zeitalter der industriellen Massenproduktion ausgerichtete Fließbandorientierung traditioneller Schulen, die durch Standard-Curricula und zentrale Prüfungen verschärft wird. Durch diese Normierung wird – wie Ken Robinson gezeigt hat – allzu oft Kreativität zerstört. Pädagogen sollten also den schrittweisen Aufbau einer Potenzialentwicklungsschule anstreben, indem sie Heranwachsende möglichst frühzeitig darin unterstützen, ihr »Element« zu entdecken und sie darin gezielt fördern. Doch Talenterkennung und Training allein reichen nicht aus.

Denn wie ich gezeigt habe, gibt es Kreativität nur im Plural, und in immer mehr Bereichen, sei es im Sport oder in der Wirtschaft, sind Innovationen und Spitzenleistungen überdies nur im Team möglich. In einem zweiten Schritt geht es deshalb darum, herausfordernde, passgenaue Umgebungen zu gestalten, in denen die Lernenden in der Arbeit in kollaborativen Teams ihr Element entwickeln und sich gegenseitig in ihren Stärken und Schwächen ergänzen, um ein kreatives Feld zu schaffen; ein Feld, in dem sie ihr kreatives Potenzial entfalten und kreative Lösungen erarbeiten können. Wie viele Beispiele zeigen, ist dies ein erfolgversprechender Weg.

Obwohl Steve Jobs sein Studium abbrach und nicht über einen einschlägigen Abschluss verfügte, gelang es ihm mit seinem Synergiepartner, dem Technikfreak Steven Woszniak, Apple zur wertvollsten und kreativsten Firma der Welt zu machen. Auch Rolls Royce, Google, Microsoft, aber auch die Comedian Harmonists oder die Beatles entstanden aus solchen Synergieteams, die aus Personen mit unterschiedlichen Begabungen bestehen. Entscheidend ist, dass es ihnen gelang, ihre unterschiedlichen Fähigkeiten wertzuschätzen und in die Realisierung einer gemeinsam geteilten Vision oder der Umsetzung eines Projektes einzubringen sowie dass sie ein Feld fanden, das sie unterstützte. Hinzu kommt, dass sie zur »richtigen Zeit am geeigneten Ort« waren: So sind z.B. all die Computerpioniere, die wir heute bewundern, zwischen 1953 und 1956 im Silicon Valley aufgewachsen. Wie also können wir die Bildung kreativer Felder fördern, und wo ist das kreative Feld, in dem Heranwachsende heute ihre Potenziale entfalten können?

Freedom to the People: Ohne Freiheit keine Kreativität!

Wenn man sich die Ursprünge der digitalen Revolutionen anschaut, dann fällt einem ein Phänomen ins Auge:

Viele der Innovatoren verfügten nicht über traditionelle Bildungsabschlüsse und hatten Schule oder Studium vorzeitig abgebrochen. In vielen Fällen scheint die Erfüllung formalisierter, standardisierter Bildungsgänge – ganz im Sinne der Thesen Ken Robinsons – der Kreativität eher abträglich als förderlich zu sein. Leidenschaftliches Engagement, eine klare Vision und der Mut zum Machen erweisen sich dagegen als unterschätzte Erfolgsfaktoren. Die traditionelle Schule mit ihrem dysfunktionalen Zensurensystem (vgl. Beutel & Pant 2020) entmutigt zu viele, weswegen kreative Köpfe sich häufig neue Felder suchen, auf denen sie mit ihren Ideen mehr Anerkennung erhalten. Wenn wir beispielsweise Gates, Jobs und Zuckerberg betrachten, dann schuf erst ihr Studienabbruch die Voraussetzung für ihre kreativen Durchbrüche. Wenngleich man diese Beispiele nicht verallgemeinern kann, sollten sie uns doch dazu anregen darüber nachzudenken, wie man auch innerhalb traditioneller Bildungseinrichtungen Freiräume für die Entfaltung bislang ungenutzter kreativer Potenziale schaffen kann. Die Beantwortung dieser Frage ist gerade in Zeiten umfassender Digitalisierung topaktuell.

So besteht etwa in modularisierten Bachelorstudiengängen für Studierende – wie es meine Tochter gerade erleidet – immer häufiger der Zwang, ihr Wissen in standardisierten elektronischen Multiple-Choice-Klausuren überprüfen zu lassen. Statt zu querdenkerischen, kreativen Zukunftsgestaltern werden so die Mehrzahl der Studierenden zu angepassten Credit-Point-Jägern erzogen. Ähnlich ergeht es Schulen und Lehrkräften. Im Zeitalter der internationalen Schulleistungsvergleichsstudien (PISA & Co) müssen sich Schulsysteme und Lehrkräfte immer stärker der Diktatur von fragwürdigen Evaluationen sowie daraus abgeleiteten Vergleichen und Qualitätsmaßstäben unterwerfen. Zu dieser in Teilen kreativitätsfeindlichen Gleichschaltung der Bildungsangebote tragen auch konservative Bildungspolitiker bei, die die Anforderungen des Zentralabiturs in Deutschland standardisieren wollen, um damit eine bundesweite Vergleichbarkeit herzustellen. Abgesehen davon, dass dieses Unterfangen angesichts der Unterschiedlichkeit von Lehrkräften, Schülern und Schulen eine Illusion ist, führen solche Ideen doch in die Irre. In einer globalisierten, digitalisierten Welt des kulturellen Kapitalismus geht es doch längst nicht mehr darum, dass jeder das Gleiche kann. Was wir vielmehr brauchen sind Originalität, Kreativität, Einzigartigkeit. Und um diese zu fördern, brauchen Schulen und Schüler mehr Gestaltungsfreiheit, denn ohne Freiheit gibt es keine Kreativität.

Wenn wir also eine zukunftsorientierte, kreativitätsförderliche Weiterentwicklung unserer Bildungseinrichtungen im allgemeinen und der Schule im besonderen (Burow & Gallenkamp 2017) befördern wollen, dann benötigen wir einen Wandel von einer normierten Verwaltungs- zu einer offenen Gestaltungskultur. Dabei können wir von innovativen Unternehmen lernen, die ihren Mitarbeiterinnen und Mitarbeitern 20 Prozent der Arbeitszeit zur freien Verfügung stellen. In diesen Freiräumen können sie an den Projekten arbeiten, für die sie Energie und Leidenschaft empfinden. Und hier finden häufig ungeplant die Innovationen statt.

Nicht von Ungefähr nahm der sensationelle Aufbruch im Silicon Valley seinen Anfang in einer unscheinbaren Garage, einem freien Ort zum Tüfteln und Erfinden, einem *Maker Space*. Die kreativitätsförderliche Wirkung des Prinzips Garage brachte auch der Jazztrompeter Charlie

Parker mit einer überraschenden Aussage auf den Punkt: »I am going to the woodsheet« – dies war seine Antwort auf die Frage, wo er seine Kompositionen finde.

Wo ist in unseren Bildungseinrichtungen der Ort, an dem Innovations- und Gestaltungslust sowie kreativer Entdeckergeist gefördert werden? Wie die Fridays-for-Future-Generation gezeigt hat, fehlt es an solchen Orten: Die Schülerinnen und Schüler mussten erst am Freitagvormittag die Schule verlassen, um einen Freiraum für das Nachdenken über Zukunftsfragen zu schaffen. Wie ich in »Future Friday« (Burow 2020) begründe, sollten Schulen diesem Bedürfnis der Schüler folgen und 20 Prozent ihrer Zeit, was dem Freitag entspricht, für die unverschulte Beschäftigung mit Zukunftsfragen und die Entwicklung von Projekten für die Zukunftsgestaltung zur Verfügung stellen. Ein solcher »Future Friday« sollte als »Garage«, als »Zukunftswerkstatt«, als »Design-Thinking-Labor«, als »Maker Space« etc. konzipiert sein: als Ort, an dem Heranwachsende ihre Leidenschaft und Bestimmung entdecken, Zukunftsprojekte und Visionen entwickeln und im Sinne der Formel »Machs einfach!« erste Umsetzungsschritte erproben können. Dafür brauchen Schulen, Lehrkräfte und Schülerinnen und Schüler Gestaltungsfreiheit, denn ohne Freiheit gibt es keine Kreativität.

Literatur

Gerd Binnig : Aus dem Nichts. Kreativität von Mensch und Natur, München 1992.

Marcus Buckingham/Donald O. Clifton: Entdecken Sie Ihre Stärken jetzt! Das Gallup-Prinzip für individuelle Entwicklung und erfolgreiche Führung, München 2014.

Olaf-Axel Burow: Future Friday: Warum wir das Schulfach Zukunft brauchen, Weinheim 2020.

Ders.: Führen mit Wertschätzung. Der Leadership-Kompass für mehr Engagement, Wohlbefinden und Spitzenleistung, Weinheim 2018.

Ders & Charlotte Gallenkamp C. (Hg.): Bildung 2030. Sieben Trends, die die Schule revolutionieren, Weinheim 2017.

Ders.: Team-Flow. Gemeinsam wachsen im Kreativen Feld, Weinheim 2015.

Ders.: Digitale Dividende. Ein pädagogisches Update für mehr Lernfreude und Kreativität in der Schule, Weinheim 2014.

Ders.: Positive Pädagogik. Sieben Wege zu Lernfreude und Schulglück, Weinheim 2011.

Ders.: Ich bin gut – wir sind besser. Erfolgsmodelle kreativer Gruppen, Stuttgart 2000.

Ders.: Die Individualisierungsfalle. Kreativität gibt es nur im Plural, Stuttgart 1999.

Mihály Csíkszentmihályi: Flow. Das Geheimnis des Glücks, Stuttgart 1992.

Anne Cummings A. & Greg R. Oldham: Wo Kreativität am besten gedeiht. In: Havard Business Manager 4 1998, S.32-43.

Charles Fadel, Maya Bialik & Bernie Trilling: Die vier Dimensionen der Bildung: Was Schülerinnen und Schüler im 21. Jahrhundert lernen müssen, Stanford 2017.

Richard L. Florida: The Rise of the Creative Class, New York 2002.

Howard Gardner: So genial wie Einstein. Schlüssel zum kreativen Denken, Stuttgart 2001.

Malcolm Gladwell: Überflieger. Warum manche Menschen erfolgreich sind und andere nicht, Frankfurt am Main 2009.

Ders.: Tipping Point. Wie kleine Dinge großes bewirken können, München 2002.

Walter Isaacson: The Innovators. Die Vordenker der digitalen Revolution von Ada Lovelace bis Steve Jobs, Gütersloh 2018.

Steven Johnson: How We Got to Now. Six Innovations That Made the Modern World, New York 2014.

Vera John-Steiner: Creative Collaboration, Oxford 2000.

Jaron Lanier: Wem gehört die Zukunft? Hamburg 2014.

Heinz Mandl: Die Blütezeit für Teamarbeit wird erst noch kommen. In: In: Psychologie Heute. 26.Jg., Heft 8 1999, S.36-39.

Silvia-Iris Beutel & Hans Anand Pant: Lernen ohne Noten. Alternative Konzepte der Leistungsbeurteilung, Stuttgart 2020.

Pisa-Konsortium (Hg.): Die Ergebnisse der dritten internationalen Vergleichsstudie, Münster 2006.

Thomas Pletzinger: The Great Novitzki, Köln 2019.

Andreas Reckwitz, Die Gesellschaft der Singularitäten. Zum Strukturwandel der Moderne, Berlin 2019.

Ines Possemeyer: Die Talentsuche. In: Geo 3,2014, S.112-128.

Ken Robinson K.: Out of our Minds. Learning to be Creative. Chichester 2011.

Ders.: Changing Education Paradigms: http://www.ted.com/talks/ken_robinson_changing_education_paradigms (2010)

Ders.: How Schools Kill Creativity. Vortrag auf www.ted.com https://www.ted.com/talks/ken_robinson_says_schools_kill_creativity (2006)

Rüdiger Safranski: Goethe und Schiller. Geschichte einer Freundschaft, München 2009.

Keith Sawyer: Group Genius. The Creative Power of Collaboration, New York 2007.

Books.

C. Otto Scharmer: Essentials der Theorie U. Grundprinzipien und Anwendungen, Heidelberg 2019.

Eric Schmidt & Jared Cohen: The New Digital Age, London 2013.

Ulrich Weinberg: Network-Thinking. Was kommt nach dem Brockhaus-Denken, Hamburg 2015.

直覺
史蒂凡．梅斯勒
2019
膠帶、膠膜、硬塑料發泡板

Intuition
Stephan Messner
2019
Various Adhesive Tapes and Foils on
PVC hard foam

Religionsfreiheit und kulturelle Vielfalt

Von Matthias Koenig

Religiöse Pluralisierung gehört zweifellos zu den großen sozialen Transformationen der Gegenwart.[1] Nahezu alle Gesellschaften sind in Folge von Modernisierung, Migration, Mission und Medienrevolution mit intra- und interreligiöser Diversität konfrontiert. Sie birgt ein erhebliches Konfliktpotenzial, nicht nur weil Religionen oftmals kognitive Absolutheits- und normative Regulierungsansprüche erheben, sondern auch weil sie Grenzen kollektiver Identität symbolisieren.[2] Gerade im Kontext wiedererstarkender Nationalismen ist kulturelle Diversität daher in ihrer religiösen Dimension eine politische Herausforderung von besonderer Brisanz.

Als Antwort auf diese Herausforderung wird vielfach Religionsfreiheit angesehen. Das Recht auf Religions- und Glaubensfreiheit gehört zu den ältesten Menschenrechten überhaupt. Auf eine lange verfassungs- und völkerrechtliche Tradition aufbauend, wurde es in Artikel 18 der Allgemeinen Charta der Menschenrechte (AEMR, 1948) sowie in Artikel 9 der Europäischen Menschenrechtekonvention (EMRK, 1950) kodifiziert. Verankert im Wert der Menschenwürde, zielt es auf gleiche Inklusion und wechselseitige Anerkennung im weltanschaulich neutralen und säkularen Rechtsstaat. Dass die Einschränkung freier Religionsausübung oder die asymmetrische Privilegierung der Mehrheitsreligion die friedliche Koexistenz in kulturell heterogenen Gesellschaften erschweren, dürfte unstrittig sein. Sie trägt zur Exklusion religiöser Minderheiten bei und ist insgesamt der Realisierung von Menschenrechten und Demokratie abträglich. Strittiger ist, wie genau Religions- und Glaubensfreiheit politisch-rechtlich umzusetzen ist. Diese Frage sei im Folgenden in zweierlei Hinsicht ausgeleuchtet.

Umsetzungsfragen stellen sich *erstens* auf nationalstaatlicher Ebene, wie die aktuelle Situation in Europa zeigt. Der Herausbildung liberal-demokratischer Nationalstaaten waren seit der frühen Neuzeit wiederholte Wellen ethno-religiöser Homogenisierung vorausgegangen, weswegen die neue religiöse Heterogenität historisch gewachsene Staat-Kirche-Beziehungen unter erheblichen Veränderungsdruck setzt.[3] Der Europäische Gerichtshof für Menschenrechte verpflichtet die Staaten zunehmend auf Neutralität und Pluralität, gesteht ihnen aber einen weiten Ermessensspielraum in der Umsetzung von Artikel 9 EMRK zu, von laizistischen Trennungsmodellen (z.B. Frankreich) bis hin Staats- und Nationalkirchen (z.B. Skandinavien). Er weist damit der Politik die Aufgabe zu, eine Balance zwischen nationalen Besonderheiten und menschenrechtlichen Standards im Umgang mit religiöser Diversität zu finden.[4] Dem deutschen Religionsverfassungsrecht kann dabei einerseits eine vergleichsweise hohe Inklusionskraft bescheinigt werden. Trotz restriktiver Tendenzen, die jüngst in Verboten religiöser Symbole sichtbar werden, gewährt es Religionsfreiheit vergleichsweise extensiv. Zudem vermag es neue Religionsgemeinschaften in das System institutioneller Kooperation einzubinden, wie Initiativen zur Einrichtung eines islamischen Religionsunterrichts an öffentlichen Schulen dokumentieren. Andererseits garantiert die rechtliche Institutionalisierung des Islam keineswegs schon die gesellschaftliche Inklusion muslimischer Minderheiten. Diese erfahren auf dem Arbeitsmarkt, im Bildungswesen und in der Öffentlichkeit anhaltende Stigmatisierung oder Diskriminierung, während eine Bevölkerungsmehrheit religiöse Differenzen als konfliktträchtig einschätzt.[5] Die Umsetzung von Religions- und Glaubensfreiheit erfordert daher eine anhaltende dialogische Verständigung möglichst aller beteiligten Akteure.

Umsetzungsfragen von Religions- und Glaubensfreiheit stellen sich *zweitens* auch auf internationaler Ebene. Religionsfreiheit ist zwar seit der AEMR in einer Vielzahl völkerrechtlicher Konventionen und Deklarationen verankert worden. Aber unter den Menschenrechten ist gerade sie in ihrer Deutung umstritten. So ist schon die Kategorisierung dessen, was als »Religion« gilt, in Regionen mit animistischen, polytheistischen oder synkretistischen Traditionen keine triviale Frage. Mit islamisch geprägten Staaten gibt es seit der Verabschiedung von Artikel 18 AEMR anhaltende Kontroversen um Konversion und Blasphemie. Und im transnationalen Kulturkampf einiger religiös-konservativer Nichtregierungsorganisationen wird Religionsfreiheit gegen Geschlechtergleichheit, LGBTQ-Rechte und Säkularität ins Feld geführt. Diese interkulturellen Deutungskonflikte sind bei der Abwägung zwischen verschiedenen Instrumenten des internationalen Religionsfreiheitsschutzes zu berücksichtigen. Uni- oder bilaterale Instrumente, die seit dem amerikanischen

»International Religious Freedom Act« (IRFA, 1998) einen Aufschwung erfahren haben, schaffen zwar wichtige Informationsquellen über die weltweite Lage der Religionsfreiheit und eröffnen neue diplomatische Optionen in Konflikt- und Postkonfliktsituationen. Aber sie sind dafür kritisiert worden, das Engagement für Religionsfreiheit vom allgemeinen Menschenrechtsschutz zu trennen, religiöse Minderheiten nur selektiv zu schützen und einem westlichen Interventionismus Vorschub zu leisten.[6] Demgegenüber gibt es gute Gründe dafür, bei der Umsetzung der Religions- und Glaubensfreiheit auf multilaterale Maßnahmen zu setzen. Völkerrechtliche Menschenrechtskonventionen entfalten entgegen der Einschätzung mancher Skeptiker durchaus langfristige Wirkungen.[7] Aufgrund ihrer hohen Legitimation vermögen sie die binnenpolitische Agenda zu beeinflussen, nationale Rechtsprechung zu prägen und Freiräume für zivilgesellschaftliche Bewegungen zu stärken. Vor allem aber schafft gerade der multilaterale Menschenrechtsschutz Foren, auf denen dialogisch nach gemeinsamen Interpretationen der Religionsfreiheit gesucht und damit die Legitimität universaler und unteilbarer Menschenrechte vertieft werden kann.

Das Konfliktpotenzial religiöser Diversität, so kann resümiert werden, verlangt auf nationalstaatlicher wie internationaler Ebene eine politisch-rechtliche Umsetzung von Religionsfreiheit, die nicht nur von liberalen Prinzipien inklusiver Neutralität, sondern auch von dialogischer Verständigung geleitet ist.

Anmerkungen

1 Die folgenden Überlegungen stützen sich teilweise auf: Matthias Koenig: Religionsfreiheit und Demokratieentwicklung, 48. Sitzung des Ausschusses für Menschenrechte und humanitäre Hilfe, Deutscher Bundestag, Berlin, 2. Dezember 2015.

2 Vgl. übersichtshalber Philip S. Gorski & Gülay Türkmen-Dervisoglu: Religion, Nationalism, and Violence: An Integrated Approach. In: Annual Review of Sociology 39 (2013),193-210.

3 Vgl. José Casanova: Europas Angst vor der Religion, Berlin 2009.

4 Vgl. näher Matthias Koenig: Religiöse Diversität am Europäischen Gerichtshof für Menschenrechte. In: Hans Michael Heinig & Christian Walter (Hg.): Religionsverfassungsrechtliche Spannungsfelder, Tübingen 2015, S.147-170.

5 Vgl. in diesem Zusammenhang Philipp Connor und Matthias Koenig: The Muslim employment gap in Western Europe. Individual-level effects or ethno-religious penalties? In: Social Science Research 49 (2015): 191-201 sowie Detlef Pollack et al.: Grenzen der Toleranz. Wahrnehmung und Akzeptanz religiöser Vielfalt in Deutschland, Wiesbaden 2014.

6 Vgl. hierzu die Beiträge in Winnifred F. Sullivan & Saba Mahmood & Elizabeth Shakman Hurd (Hg.): The Politics of Religious Freedom, Chicago 2015.

7 Vgl. hierzu besonders Kathryn Sikkink: Evidence for Hope: Making Human Rights Work in the 21st Century, Princeton 2017.

Im Netz der Algorithmen

Von Dirk Lewandowski

Wenn von Algorithmen in Bezug auf das Internet die Rede ist, so sind meist die Sortier- und Filteralgorithmen der sogenannten Intermediäre gemeint, also derjenigen Angebote im Netz, die in einem hohen Maße als Plattformen fremde Inhalte sammeln, aufbereiten und verfügbar machen. Die bekanntesten Beispiele sind hier Soziale Netzwerke wie Facebook und Suchmaschinen wie Google. Beide Angebotstypen verwenden Algorithmen an unterschiedlichen Stellen, vor allem aber, um Informationsobjekte (Postings, Suchergebnisse) zu sortieren und auf der Basis von Filtern die Informationsmenge zu reduzieren (etwa durch Auswahl der für einen Nutzer interessanten Inhalte oder die Auswahl von Suchergebnissen zu einer Suchanfrage). In diesem Aufsatz wird die Meinungsfreiheit in Bezug auf algorithmische Prozesse in Hinblick auf den Zugang zu Informationen betrachtet; das Verbreiten von Informationen wird hier nur gestreift. Weiterhing liegt der Schwerpunkt vor allem auf den Suchmaschinen und damit schon fast zwangsläufig auf Google, da diese Suchmaschine in Europa einen Markanteil von rund 94 Prozent hat (Statcounter 2019).

Während der Begriff der Intermediäre die erbrachten Leistungen gut beschreibt, liegt zumindest in der aktuellen Verwendung die Gefahr, dass damit angenommen wird, alle Intermediäre wären in ihren wesentlichen Eigenschaften gleich oder doch zumindest in einem Maße ähnlich, dass die Diskussion des Umgangs mit und der Regulierung dieser Intermediäre unabhängig von ihrer konkreten Ausprägung geführt werden könnte. Dies trifft jedoch nicht zu, da sich Suchmaschinen und Soziale Netzwerke trotz der genannten Gemeinsamkeiten fundamental unterscheiden: Bei Suchmaschinen steht erstens die *gezielte Informationssuche* im Vordergrund, zweitens beziehen sie ihre Daten zumindest potenziell aus allen im Web verfügbaren Quellen, und drittens genießen sie ein enormes Vertrauen der Nutzer und werden als neutrale Vermittler von Informationen betrachtet.

Bevor nun einige kritische Punkte, die sich durch (Such-)Algorithmen in Bezug auf die Meinungsfreiheit ergeben, diskutiert werden, soll zuerst einmal auf die unüberschaubare Menge der leicht und kostenlos im Internet zugänglichen Informationen sowie die große Leistung der Intermediäre hingewiesen werden, die in solchen Diskussionen leider häufig zu kurz kommt. Auf der einen Seite sind im Web viele Milliarden Dokumente verfügbar, die von einer Vielzahl von Anbietern erstellt wurden. Die Informationsfülle ist für die Nutzer und Nutzerinnen schier unendlich und deckt auch randständige Themen ab. Insofern hat sich hier die frühe Hoffnung in das Web, bislang unterdrückten Stimmen ein Forum zu geben (Introna & Nissenbaum, 2000), erfüllt. Ebenso haben es unter anderem Soziale Netzwerke geschafft, diesen Stimmen die Möglichkeit zu geben, sich untereinander und über Gruppengrenzen hinaus auszutauschen.

Das Web wäre allerdings nicht sinnvoll nutzbar, wenn es keine Suchmaschinen gäbe. Insofern ist die Leistung von Anbietern wie Google, einen wesentlichen Teil des Web zu erschließen und in einem dynamisch aktualisierten Datenbestand durchsuchbar zu machen, gar nicht hoch genug einzuschätzen.

Allerdings konnte immer wieder gezeigt werden, dass das Potenzial der Vielfalt des Web durch Suchmaschinen als Intermediäre nicht ausgeschöpft wird. So wurde anhand einer Massenanalyse von Daten aus der Suchmaschine von Yahoo gezeigt, dass etwa 80 Prozent aller Klicks auf Suchergebnisse auf nur 10.000 Websites entfallen (Goel, Broder, Gabrilovich, & Pang, 2010). Damit stellt sich die Frage, wodurch diese starke Konzentration auf nur wenige (die zuvorderst gelisteten) Ergebnisse auf der einen Seite und auf nur wenige Anbieter auf der anderen Seite zustande kommt.

Eine starke Anbieterkonzentration wird vor allem durch die Suchmaschinenbetreiber selbst gesteuert, indem die eingesetzten Rankingverfahren populäre Websites bevorzugen. Dies ist insofern verständlich, als Popularität in Algorithmen durchaus als Substitut für Qualität oder Vertrauenswürdigkeit eingesetzt werden kann (Lewandowski, 2018, S. 102ff.). Ein weiterer Faktor, der die Anbieterkonzentration beeinflusst, ist die sogenannte Suchmaschinenoptimierung, das heißt die externe Einflussnahme auf die Suchergebnisse. Dabei handelt es sich mittlerweile um einen Milliardenmarkt (McCue, 2018).

Eine starke Fokussierung der Nutzer auf die zuvorderst gezeigten Ergebnisse kann vor allem mittels kognitiver Verzerrungen und dem Prinzip des geringsten Aufwands (Zipf, 1949) erklärt werden. Letzteres führt in den allermeisten Fällen zum Erfolg, da es sich bei den Anfragen an Suchmaschinen in den überwiegenden Fällen um die Suche nach Navigationszielen (also bestimmten Websites) oder um recht einfach zu beantwortende informationsorientierte Suchanfragen handelt. Bei den kognitiven Verzerrungen ist vor allem der Positionseffekt zu nennen. Dieser besagt, dass zuerst präsentierte Informationen mit einer höheren Wahrscheinlichkeit wahrgenommen und in der Folge ausgewählt werden als später präsentierte Informationen. Dies bedeutet im Kontext der Informationssuche, dass Ergebnisse, die am Anfang einer Liste bzw. Ergebnisdarstellung präsentiert werden, bevorzugt ausgewählt werden.

Doch nicht nur dieses Auswahlverhalten an sich kann problematisch sein, sondern auch seine Rückspiegelung in die Suchalgorithmen: Ergebnisse, die von vielen Nutzern angeklickt (und dann auch gelesen/verwendet) werden, werden von nutzungsstatistischen Rankingverfahren wiederum bevorzugt (Lewandowski, 2018, S. 109ff.). Damit ergibt sich bereits ein Teil des von Ricardo Baeza-Yates so bezeichneten »vicious cycle of bias on the Web« (Baeza-Yates, 2018, S. 56), der zu einer anscheinend unauflösbaren Verstärkung von Verzerrungen führt.

Was hier anhand der Suchergebnisse gezeigt wurde, lässt sich auch auf die Sozialen Netzwerke übertragen: Inhalte, die von vielen Nutzern positiv bewertet wurden (entweder explizit beispielsweise durch das Anklicken des »Gefällt mir«-Buttons oder implizit durch Anklicken und die Verweildauer auf den Inhalten), werden bevorzugt angezeigt. Weiterhin wird allerdings nicht nur das aggregierte Nutzerverhalten ausgewertet, sondern auch das Verhalten jedes einzelnen Nutzers. Dieser Personalisierung wird häufig und zu Recht vorgeworfen, dass sie den Nutzern im Interesse der Anbieter, die Nutzer möglichst lange auf ihren Angeboten zu halten, bevorzugt Inhalte anzeigen würde, die »mehr des Gleichen« wären. Im schlechtesten Fall ergäben sich dann sogenannte Filterblasen (Pariser, 2011), in denen Nutzer nicht nur die immer gleiche Meinung bestätigt sähen, sondern anderen Positionen gar nicht mehr ausgesetzt wären.

Ein in der öffentlichen Diskussion noch weitgehend unberücksichtigter Bereich betrifft die Eigeninteressen der Intermediäre, die dazu führen, dass bestimmte Inhalte bevorzugt angezeigt werden. Der Hintergrund für diese Bevorzugungen liegt meist in der Werbefinanzierung der Intermediäre begründet: Ebenso wie viele weitere Angebote im Web sind sie darauf angewiesen, Nutzer möglichst lange auf ihren Angeboten zu halten, um in dieser Zeit Werbung anzeigen zu können. Werbung ist daher nicht losgelöst von den eigentlichen Informationsangeboten zu betrachten; die verbreitete Annahme, dass es bei der Darstellung von Suchergebnissen und Social-Media-Posts allein um deren Relevanz (für einen konkreten Nutzer) ginge, ist nicht haltbar.

Die Eigeninteressen der Anbieter zeigen sich am Beispiel der Suchmaschinen zum einen an deren Ziel, die Anzeigenerlöse steigern, aber auch, indem die Grenzen zwischen Anzeigen und organischen Suchergebnissen verwischt werden (Lewandowski, Kerkmann, Rümmele, & Sünkler, 2018), sowie in der Gestaltung der Benutzerführung, die Nutzer auf die eigenen Angebote des Suchmaschinenbetreibers lenken (Lewandowski, Kerkmann, & Sünkler, 2014).

Wie ist nun auf die Herausforderungen durch Such- und Filteralgorithmen zu antworten? Naheliegend ist die Forderung nach (mehr) Medien- und Informationskompetenz, die jedoch gerade bei einem kompetenten Umgang mit den populären Diensten des Internet beginnen muss (Lewandowski, 2016). Dazu kommt, dass sich Nutzer viel stärker ihrer eigenen kognitiven Verzerrungen sowie der Tatsache, dass Intermediäre nicht allein zum Wohl ihrer Nutzer handeln, bewusst werden müssen.

Letztlich stellt die Medien- und Informationskompetenz höhere Anforderungen als bisher an die Nutzer und Nutzerinnen und überträgt ihnen damit die Verantwortung für die dargestellten Probleme. Medien- und Informationskompetenz sollte also nicht als alleinige Maßnahme angesehen werden. Vielmehr sind auch Fragen der Regulierung von Bedeutung; erste Schritte wurden vor allem durch die Kartellverfahren der Europäischen Kommission gegen Google unternommen.

Ein bedeutender und bislang weitgehend vernachlässigter Punkt ist allerdings die Vielfalt in Bezug auf die Intermediäre. Damit ist zum einen die intermediär-immanente Vielfalt gemeint, also die Möglichkeit für Nutzer und Nutzerinnen, zwischen verschiedenen Interpretationen der verwerteten Inhalte auszuwählen. Für Suchmaschinen würde das beispielsweise bedeuten, dass Nutzer zwischen verschiedenen Sortierungen der Ergebnisse auswählen können. Dies würde den Nutzern nicht nur ein Werkzeug an die Hand geben, zu anderen oder gar besseren Suchergebnissen zu kommen, sondern würde auf einer darüber liegenden Ebene auch dazu führen, dass ihnen bewusst würde, dass jede algorithmische

Auswahl und Sortierung nur eine von vielen möglichen Interpretationen der verfügbaren Inhalte darstellt. Und gerade die Vielfalt der Interpretationen ist es, die die Meinungsfreiheit stärkt.

Eine Vielfalt der Interpretationen von Web-Inhalten lässt sich jedoch nicht allein intermediär-immanent erreichen. Vielmehr bedarf es einer Vielfalt bei den Intermediären selbst. Diese lässt sich jedoch nicht erreichen, indem weitere einzelne Intermediäre wie Suchmaschinen gefördert werden, was unter anderem mit der Schaffung einer öffentlich-rechtlichen Suchmaschine vorgeschlagen wurde (Hege & Flecken, 2014). Nicht eine Suchmaschine mehr ist gefragt, sondern eine Vielzahl von Suchmaschinen und weiteren Diensten, die vielfältige Zugänge zu den Inhalten des Web bieten. Der Flaschenhals liegt hier bei der einer jeden Suchmaschine zugrundeliegenden Datenbasis, dem Index. Hier ist im Sinne der Förderung der Vielfalt anzusetzen: durch die Schaffung eines öffentlichen Index, auf den dann beliebig viele Dienste in ganz unterschiedlicher Trägerschaft aufgesetzt werden können (Lewandowski, 2019).

Literatur

Ricardo Baeza-Yates: Bias on the web. Communications of the ACM, 61(6), 2016, S. 54–61. https://doi.org/10.1145/3209581

Sharad Goel & Andrei Broder & Evgeniy Gabrilovich & Bo Pang: Anatomy of the long tail. In: Brian D. Davison & Torsten Suel & Nick Craswell, & Bing Liu (Hg.): Proceedings of the third ACM international conference on Web search and data mining - WSDM '10, New York 2010, S. 201. https://doi.org/10.1145/1718487.1718513

Hans Hege & Eva Flecken: (2014). Debattenbeitrag: Gibt es ein öffentliches Interesse an einer alternativen Suchmaschine? In: Birgit Stark & Dieter Dörr & Stefan Aufenanger (Hg.): Die Googleisierung der Informationssuche, Berlin 2014, S. 224–244.

Lucas D. Introna & Helen Nissenbaum: Shaping the Web: Why the Politics of Search Engines Matters, In: The Information Society, 16(3), 2000, S. 169–185.

Dirk Lewandowski: Suchmaschinenkompetenz als Baustein der Informationskompetenz. In: Wilfried Sühl-Strohmenger (Hg.): Handbuch Informationskompetenz (). Berlin 2016, S. 115–126. https://doi.org/10.1515/9783110403367-013

Ders.: Suchmaschinen verstehen (2. Aufl.). Berlin/Heidelberg 2018. https://doi.org/10.1007/978-3-662-56411-0

Ders.: The web is missing an essential part of infrastructure. In: Communications of the ACM, 62(4), 2019, S. 24–27. https://doi.org/10.1145/3312479

Ders. & Friederike Kerkmann & Sandra Rümmele & Sebastian Sünkler: An empirical investigation on search engine ad disclosure. In: Journal of the Association for Information Science and Technology, 69(3), 2018, S. 420–437. https://doi.org/10.1002/asi.23963

Ders. & Friederike Kerkmann & Sebastian Sünkler: Wie Nutzer im Suchprozess gelenkt werden: Zwischen technischer Unterstützung und interessengeleiteter Darstellung. In: In: Birgit Stark & Dieter Dörr & Stefan Aufenanger (Hg.): Die Googleisierung der Informationssuche, Berlin 2014, S. 75–97. https://doi.org/10.1515/9783110333218.75

TJ McCue: SEO Industry Approaching $80 Billion But All You Want Is More Web Traffic, 2018.

Eli Pariser: The Filter Bubble. What The Internet Is Hiding From You, London 2011.

Statcounter. (2019). Desktop Search Engine Market Share Europe. Abgerufen von https://gs.statcounter.com/search-engine-market-share/all/europe

George Kingsley Zipf: Human Behaviour and the Principle of Least Effort, 1949. https://doi.org/10.2307/2226729

Freiheit braucht Spielregeln

Von Christian Krell

If you want a free society, just give them internet access. Dieser Satz steht wie kein anderer für eine Zeit, in der die Digitalisierung ein Freiheitsversprechen war. Er stammt von dem ägyptischen Internet-Aktivisten und Google-Mitarbeiter Wael Ghonim. In diesem Satz drückt sich eine konkrete Erfahrung des Arabischen Frühlings 2011 aus: Durch dezentrale Vernetzung über soziale Medien war es gelungen, ein starres Herrschaftssystem zu erschüttern. Mehr Freiheit durch Digitalisierung! Die Chance, herrschaftsfreie Diskurse jenseits von staatlichen Stellen und medialen Gatekeepern zu führen, der unkomplizierte und kostengünstige Zugang zu Wissen jederzeit und für jeden, die Möglichkeit, sich schnell und unabhängig von alten Strukturen politisch zu organisieren – all das wurde mit der Digitalisierung verbunden. Die Digitalisierung ist somit ein Freiheitsmotor.

Inzwischen verläuft die öffentliche Debatte ganz anders. Mittlerweile werden häufig die Bedrohungen unserer Freiheit durch die Digitalisierung betont. Riesige Datenmengen über jeden von uns sind entstanden. Sie werden oft nach einer kapitalistischen Logik ausgewertet und wirken alles andere freiheitlich. *Hate Speech* greift in sozialen Medien um sich und vergiftet die politische Debatte. Riesige Konzerne sind weit in alle Bereiche unseres Lebens vorgedrungen und dabei kaum demokratisch kontrolliert. Fake News werden gezielt gestreut und beeinflussen demokratische Entscheidungen. Und ganze Volksgruppen werden mit Hilfe digitaler Technologien systematisch ausgespäht und unterdrückt. Die Digitalisierung bremst unsere Freiheit aus.

Motor oder Bremse? Wie wirkt sich die Digitalisierung auf unsere Freiheitsspielräume aus? Fest steht, dass mit neuen Medien historisch häufig auch neue Hoffnungen verknüpft wurden. Immer wieder gab es zunächst die Zuversicht, dass mit neuen Medien auch die Emanzipation des Einzelnen befördert werden würde. Sowohl mit den Zeitungen, dem Radio als auch dem Fernsehen wurde die Erwartung verbunden, dass über das breite Teilen von Wissen und Information neue Freiheiten entstehen würden.

In der Radiotheorie von Bertolt Brecht kommt das exemplarisch zum Ausdruck. Sie ist in den Jahren zwischen 1927 und 1932 entfaltet worden, also in einer Zeit, in der das Radio zu einem modernen Massenmedium wurde und die Mediennutzung revolutioniert hat. Brecht hat sich intensiv mit der Frage befasst, wie dieses Medium für einen echten und freien Austausch genutzt werden könne. Sein Vorschlag: »Der Rundfunk ist aus einem Distributionsapparat in einen Kommunikationsapparat zu verwandeln. Der Rundfunk wäre der denkbar großartigste Kommunikationsapparat des öffentlichen Lebens, ein ungeheures Kanalsystem, das heißt, er wäre es, wenn er es verstünde, nicht nur auszusenden, sondern auch zu empfangen, also den Zuhörer nicht nur hören, sondern auch sprechen zu machen und ihn nicht zu isolieren, sondern ihn auch in Beziehung zu setzen.« (Bertolt Brecht)

Wenn es gelänge, mit allen Mitgliedern in der Gesellschaft in Bezug zu treten, wenn jeder mit jedem kommunizieren könnte, dann wäre das aus Brechts Perspektive eine hervorragende Grundlage für ein freies Miteinander. Der Einzelne würde ermächtigt, er wäre nicht nur Konsument, sondern auch ein selbstbestimmter, freier Produzent von Botschaften.

Das, was Brecht da als Utopie entfaltet hat, scheint heute Realität zu sein. Jeder von uns kann nicht nur hören, sondern auch sprechen. Über die digitalen Medien empfangen wir nicht nur, wir können auch senden. Twitter, Facebook, Snapchat und dergleichen mehr machen es möglich.

Aber hat das zu einer freieren Gesellschaft oder zu größeren Freiheitsspielräumen für den Einzelnen geführt? Die aktuellen Debattenbeiträge legen mehrheitlich einen anderen Schluss nahe: Die Digitalisierung bedroht eher unsere Freiheiten, als dass sie sie befördert. Wie konnte es dazu kommen, dass die Digitalisierung mit ihrem freiheitlichen Potenzial freiheitseinschränkend wirkt?

Der österreichisch-britische Philosoph Karl Popper bietet eine Erklärung für diesen Zusammenhang in seinem Buch »Die offene Gesellschaft und ihre Feinde« (1945). Er skizziert dort das »Paradoxon der Freiheit«. Demnach profitieren nicht alle gleichermaßen von größeren Freiheiten. Im Gegenteil: Von einem unregulierten Mehr an Freiheiten profitieren die Starken übermäßig, während die Schwachen an Freiheitsspielräumen verlieren: »Wir haben gesehen, dass sich die Freiheit selbst aufhebt, wenn sie völlig uneingeschränkt ist. Schrankenlose Freiheit bedeutet, dass es dem Starken freisteht, den Schwachen zu tyrannisieren und ihn seiner Freiheit zu berauben. Das ist der Grund, warum wir verlangen, dass der Staat die Freiheit in gewissem Ausmaß einschränke, so dass am Ende jedermanns Freiheit vom Gesetz geschützt wird. Niemand soll der ›Gnade‹

eines andern ausgeliefert sein, aber alle sollen das ›Recht‹ haben, vom Staat geschützt zu werden.« Mithin bedürfen neue Freiheitsmöglichkeiten immer auch einer Rechtssetzung, wenn alle in der Gesellschaft davon profitieren sollen. Der Schutz der Freiheit des Einzelnen erfordert immer auch kollektives Handeln.

Ein Beispiel dafür, wie das Poppersche Freiheitsparadoxon sich in Zeiten der Digitalisierung ausdrückt, ist die Begünstigung von Monopolen. Die Digitalisierung ist in wesentlichen Teilen von gewinnorientierten Verwertungslogiken getrieben. Als die Digitalisierung zu einem Massenphänomen wurde, stand eine dezentrale und freiheitliche Erzählung im Vordergrund. Jeder Student konnte mit einer guten Idee in einer Garage aus dem Stehgreif einen Weltkonzern erschaffen – so das Narrativ. Inzwischen scheint der Markt aufgeteilt zwischen wenigen großen digitalen Giganten, deren Namen wir alle kennen und die in vielen Bereichen eine monopolartige Stellung einnehmen. Exemplarisch: 87 Prozent der weltweiten Suchanfragen werden über Google gestellt. Diese großen Unternehmen sind von einer Gewinnerzielungsabsicht getrieben. Die damit korrespondierenden Monopolstellungen sind problematisch, weil sie Praktiken erlauben, gegen die man sich nicht mehr wehren kann – der Marktherrscher kann die Regeln setzen. Sein Handeln ist im Wesentlichen von Gewinnstreben getrieben.

Wenn etwa – wie die NGO AlgorithmWatch schreibt – die Suche nach afroamerikanisch klingenden Namen bei Google wesentlich häufiger Werbung für Auskunfteien über kriminelle Personen hervorruft als die Suche nach anderen Namen, dann liegt diesem Muster profitorientierter Rationalitäten folgende Wertentscheidung zugrunde: Afroamerikaner werden nach dieser Logik häufig als kriminell betrachtet, Werbung für Auskunfteien bringt mehr Gewinn als Werbung für andere Produkte.

Ein weiteres Beispiel: *Hate Speech* erzielt in sozialen Netzwerken in der Regel höhere Interaktionen als ein ausgewogener Debattenbeitrag und wird daher von den entsprechenden Plattformen weiter verbreitet, um noch mehr Klicks zu erreichen. Nicht die Förderung von Deliberation oder Freiheit ist die maßgebliche Triebkraft der Digitalisierung, sondern die Erzielung von Gewinn.

Unabhängig von Marktmechanismen erleben wir auch die Nutzung digitaler Technologien seitens repressiver staatlicher Regime. Der Versuch einzelner Staaten, ein eigenes Internet, losgekoppelt vom weltweiten Internet, zu entwickeln und von einem globalen Datenaustausch abzuschotten, ist dafür ebenso repräsentativ wie die zunehmende Nutzung biometrischer Erkennungs-Software zur Überwachung einzelner Gesellschaften. Ein wenig bekanntes Beispiel für diese Entwicklung kommt aus Simbabwe. Hier wurde seitens eines chinesischen Unternehmens eine umfassende Datenbank mit Gesichtserkennung und weiteren körperlichen Merkmalen der Bevölkerung angelegt. Es wird befürchtet, dass diese Daten zur systematischen Massenüberwachung genutzt werden. Auch das chinesische Social-Scoring-System verweist auf eine umfassende Kontrolle des Verhaltens des Einzelnen und damit auf erhebliche Freiheitseinschränkungen. Schließlich sind Privatheit und die Souveränität, selbst darüber zu entscheiden, was öffentlich wird und was nicht, wichtige Vorbedingungen für freiheitliches Handeln.

Die freiheitsgefährdenden Potenziale der Digitalisierung sind damit zumindest angedeutet. Müssen wir nun unsere Hoffnung auf mehr Freiheit durch die Digitalisierung begraben? Sind sogar die freiheitlichen liberalen Gesellschaften insgesamt durch die neue Technologie in Gefahr? Nein, denn die Digitalisierung ist keine Naturgewalt, sondern vom Menschen gemacht und kann von Menschen gestaltet werden.

Und das ihr innewohnende Versprechen steht nach wie vor: Mithilfe der Digitalisierung können wir mehr Teilhabe in der Demokratie ermöglichen, wir können Wohlstand vervielfältigen und Freiheit fördern. Allerdings geht es darum, zwischen Euphorie und Ernüchterung die Spielregeln für eine freiheitliche Gestaltung der Digitalisierung zu identifizieren.

Hier sollen einige Bedingungen auf drei Ebenen angedeutet werden: Staatliches Gestalten, gesellschaftliche Debatten und bewusstes, individuelles Handeln müssen Hand in Hand gehen, um die freiheitlichen Potenziale der Digitalisierung zu bewahren.

Erstens ist die Digitalisierung – gemessen an der Entwicklung unserer staatlichen Rechts- und Regelsysteme – ein junges Phänomen. Entsprechend fängt die Rechtssetzung, die diese Digitalisierung reguliert, gerade erst an zu greifen. In den kommenden Jahren und Jahrzehnten wird es darauf ankommen, Regelwerke für die Digitalisierung zu schaffen, die – vor dem Hintergrund des Popperschen Freiheitsparadox – ein Wachstum an Freiheitsspielräumen für alle Mitglieder der Gesellschaft absichern. An dieser Stelle muss sofort eingewandt werden, dass es sich bei der Digitalisierung um ein transnationales Phänomen handelt, welches nicht durch nationalstaatliche Regulierung zu gestalten ist. Daher bräuchte es zur Gestaltung der Digitalisierung auch transnationale und vielleicht sogar globale Strukturen, die es bisher kaum gibt. Das ist zwar richtig, allerdings zeigt die Rechtssetzung der EU, dass sie als Regionalmacht durchaus erheblichen Einfluss hat. Zur neuen Datenschutzgrundverordnung der EU wurden mehr Seminare im Silicon Valley als in Brüssel veranstaltet. Europa kann hier also maßgeblich mitgestalten.

Zweitens findet Rechtssetzung nie in einem luftleeren Raum statt, sondern reflektiert immer gesellschaftliche Debatten und Wertvorstellungen. Daher kommt es auch darauf an, die ethischen und kulturellen Dimensionen der Digitalisierung im öffentlichen Diskurs zu verhandeln. Gerade die digitalen Technologien bieten ja die Chance und den Rahmen für einen solchen Austausch. Welche Grenzen wollen wir der Künstlichen Intelligenz setzen? Wie werden biometrische Daten genutzt? Gibt es Bereiche des Lebens, die sich der Durchdringung mit digitalen Technologien entziehen sollten? All diese Fragen berühren Wertvorstellungen und müssen in öffentlichen Debatten geklärt werden.

Drittens schließlich wird es aber auch darauf ankommen, dass der einzelne Nutzer in seinem individuellen Handeln um die freiheitliche JanuskÖpfigkeit der Digitalisierung weiß und entsprechend handelt. Hierfür ist vor allem eine auf allen Ebenen des Bildungssystems zu fördernde Medienkompetenz wichtig. Medienkompetenz im digitalen Zeitalter bedeutet dabei nicht nur, Programmieren zu lernen oder den bestmöglichen Filter auf das Selfie zu legen, sondern eher, einen bewussten Umgang mit den eigenen Daten zu erlernen oder den Wahrheitsgehalt von Informationen zu prüfen. Dabei ist es eine staatliche und gesellschaftliche Aufgabe, diese Medienkompetenz zu vermitteln, da private Akteure dabei in einem kaum aufzulösenden Interessenkonflikt stünden.

Kurzum: Die Digitalisierung ist nach wie vor eine große Chance für ein freiheitliches Miteinander. Sie bietet die Chance, miteinander in einen freien Dialog zu treten, Wissen und Informationen zu teilen und nahezu kostenlos zur Verfügung zu stellen. Es kommt nun darauf an, die Spielregeln der Digitalisierung im Sinne von mehr Freiheit zu gestalten.

Kulturelle Medienbildung

Von Heidi Schelhowe

Wenn das EEG[1] die neuronalen Muster im Gehirn liest und wenn diese Bilder besser als wir selbst Auskunft geben, was wir denken, was wir fühlen, was wir wünschen – ist nicht spätestens dann die Erzählung vom freien Willen des Menschen an ihr Ende gekommen? Yuval Noah Harari spricht von der umfassenden Herrschaft des »Dataismus«, der der »Menschheit die Freiheit nimmt, indem wir ihn als unausweichliche Logik anerkennen« (Harari 2017, S. 587). Und wo bleibt dann noch ein Ort für Bildung?

Seit der Aufklärung weiß ein Großteil der Menschen in der westlichen Welt den Wert exakter Wissenschaft und moderner Technologie zu schätzen. Es ist keineswegs nur Profitstreben des Kapitals oder Herrschaftsinteresse von Regierungen, die die Datafizierung, die Umwandlung aller Lebensbereiche in von einem Computer verarbeitbare Daten, vortreiben. Vielmehr sind Menschen offen und bereit, die neuen, die digitalen Technologien, die sich auf Daten und Algorithmen stützen, als Bereicherung zu sehen und sie in ihren Alltag zu integrieren, auch um den Preis der Herausgabe ihrer persönlichsten Daten.

Dies beruht nicht zuletzt auch auf Vertrauen in rationale, wissenschaftlich untermauerte Verfahren, auf die Möglichkeit, uns darüber auch unsrer selbst zu vergewissern. In der gesundheitlichen Überwachung ist dies längst verbreitete und akzeptierte Praxis: Auch wenn wir uns subjektiv wohl fühlen, messen wir Blutdruck, lassen Blutbilder, Vorsorge-Screenings, Computertomographien erstellen und vertrauen der Aussage der Daten.

Nicht nur neuronale Verfahren, auch individualisierte Werbung, die aus den enormen Mengen gesammelter Daten über uns gewonnen und berechnet ist oder die Empfehlungen, die uns bei Streaming-Diensten gegeben werden, zielen darauf, dass sich unsere Vorstellungen, Wünsche und Bedürfnisse aus einer Masse von Daten besser berechnen ließen, als sie sich aus unserer Selbstbeobachtung ergeben könnten. Auch bei Big Data und den lernfähigen Algorithmen, mit denen Google unser Verhalten im Netz auswertet und uns Freunde und Produkte empfiehlt, wirken die Menschen selbst mit. Dies wirkt zunächst als Einschränkung von Freiheit.

Gleichzeitig aber sind nur wenige Menschen bereit, ihr eigenes ganzheitliches Handeln und Empfinden dafür aufzugeben, »Achtsamkeit« erfährt zunehmende Wertschätzung, die Bedeutung von Selbstheilungskräften ist weniger denn je umstritten, die unmittelbare Begegnung mit Anderen halten wir als Mittel der Selbstvergewisserung für unverzichtbar. Freiheit scheint sich doch gerade darin auszudrücken, dass *wir* es sind, die die Macht der Daten und die Kräfte subjektiver Wahrnehmung und Selbstwirksamkeit ins Verhältnis zueinander setzen und in Balance bringen. Für unsere Entscheidungen brauchen und nutzen wir die »objektiven« Daten, gleichzeitig aber auch das Wissen um ihre Begrenztheit.

Ich möchte im Folgenden auf unsere Verantwortung für die Interaktion mit Medien hinweisen. Freiheit entsteht dadurch, dass die Digitalisierung nicht unreflektiert als etwas begriffen wird, das über uns kommt – ganz entgegen der Erzählung von der Digitalisierung, die wie eine Flut über uns hereinbricht und der wir uns in allen Lebensbereichen, nicht zuletzt auch in Bildungskontexten, anzupassen hätten. Vielmehr gilt es in Bildungsprozessen, sowohl die Chancen als auch die Begrenztheit von Daten und Algorithmen, die (nur) das Berechenbare liefern, erkennen zu lernen. Über unsere eigenen Entscheidungen können wir die digitalen Prozesse mit anderen Weisen der Wahrnehmung im Gleichgewicht halten. Freiheit entsteht durch die Erfahrung und das Bewusstsein der eigenen Beteiligung an der Digitalisierung und an deren Gestaltung.

Muster der Interaktion

Digitale Medien sind interaktive Medien. Sie tragen Aufforderungscharakter und fordern zur ständigen Auseinandersetzung und zum Handeln heraus. Medieninhalte werden häufig erst durch *uns* generiert und verändert. Soziale Netzwerke gäbe es nicht ohne das aktive Einbringen von Millionen und Milliarden von Beteiligten.

Menschen reagieren unterschiedlich auf diese Handlungsaufforderungen. In unserem von der VW-Stiftung geförderten Forschungsprojekt SKUDI (Subjektkonstruktionen und digitale Kultur) konnten wir vier verschiedene Typologien des Umgangs mit digitalen Medien herausarbeiten (Carstensen et al. 2013): Bei der *kooperierende Interaktion* versteht der Mensch das Medium als Gegenstand mit gleicher Handlungsmacht. Die Initiative wechselt zwischen dem Medium und dem konstruierenden Subjekt. Die *kontrollierende* Interaktion ist dadurch gekennzeichnet, dass der Mensch möglichst vollständige Kontrolle über den Interaktionsverlaufs anstrebt. Die *kreative* Interaktion ist charakterisiert durch starkes Einlassen auf die Eigengesetzlichkeit der Technologie, durch Akzeptanz, ja geradezu Freude über deren Eigensinn und Widerspenstigkeit. In der von uns als *koexistent* bezeichneten Interaktion haben wir beobachtet, dass das Subjekt sich der Interaktion mit dem Medium völlig entzieht und unabhängig davon agiert. Streng genommen findet hier keine Interaktion statt.

In der kooperierenden und kreativen Interaktion sehen wir die Möglichkeit, dass Menschen das, was Rechenmaschinen können, nutzen, teilweise sogar die Kontrolle verlieren, sie aber wiedergewinnen, indem sie sich schlau machen und in der Interaktion mit dem Medium dessen Aktion durch Achtsamkeit für eigene Vorstellungen, Wünsche und Bedürfnisse ausbalancieren.

Kreative Mediennutzung

Kulturelle Bildung ist wie kaum ein anderes Gebiet des Lernens auf Achtsamkeit orientiert. Sie lehrt, das eigene Einfühlungs- und Urteilsvermögen zu entwickeln und ernst zu nehmen. Sie richtet auch Aufmerksamkeit auf den Charakter und die Wirkung der Werkzeuge und Medien, statt sie nur unreflektiert zu nutzen. Daher dient kulturelle Bildung wie kein anderes Gebiet der Entwicklung der Fähigkeit, souverän und kreativ handeln zu können. Beides gewinnt für Medienbildung eine besondere Bedeutung: Es geht darum, ein Medienhandeln zu fördern, das beides enthält: die Nutzung der Potenziale des auf Daten und Algorithmen gestützten Werkzeugs/Mediums wie aber auch das Vertrauen auf die eigene kreative Kraft.

Medienbildung muss heute in jedem Fach auch informatische Bildung einschließen, die sich mit der Software befasst und Einblick in deren Herstellungsprozesse und Wirkweisen gibt. Nur so kann die Grundfrage der Bildung für eine selbstbestimmte und freiheitliche Interaktion mit digitalen Medien beantwortet werden, nämlich die Frage nach einem Gleichgewicht zwischen dem, was uns die Daten und Algorithmen sagen und in uns evozieren und der Selbstbestimmung über unsere Bedürfnisse und der Aufmerksamkeit für uns selbst.

In Medienzentren, Kunstschulen, in Makerzentren und Fablabs gibt es zahlreiche Beispiele, wie dies umgesetzt werden kann. In den Workshops meiner Forschungsgruppe, die wir unter dem Titel TechKreativ entwickelt und mit Kindern, Jugendlichen und Erwachsenen umgesetzt haben, finden sich Themen wie Tanz, Theater, Sport, wobei elektronische Medien eingesetzt und durch eigenes Programmieren in ihren Gesetzmäßigkeiten verstanden und gestaltet werden (Schelhowe 2007; Dittert et al. 2016).

Durch das schlichte Benutzen von Apps lernt man diese Art von Interaktion nicht: Man muss ein Stück Informatik verstehen und sich mit Mathematik und Logik, mit Algorithmen, Datenstrukturen und Programmiersprachen befassen.

Digitale Medien sind Software basierte Medien. Ihre Neuartigkeit liegt darin, dass sie programmiert und programmierbar sind. Damit können sie Daten, die sie sammeln, auch verarbeiten und uns Entscheidungen vorschlagen. Wo wir allein auf Daten und Berechenbarkeit vertrauen, kann man uns weismachen, dass die Algorithmen-basierten Vorschläge in jedem Fall besser sind als unsere eigenen Vorstellungen.

Bildung heute heißt zu verstehen, was Daten und Algorithmen erfassen können, aber auch, wo ihre Grenzen sind und in welchen Lebensbereichen wir ihren Einfluss beschränken oder gar ausgrenzen wollen. Freiheit können wir (zurück)gewinnen, wenn wir durch die Erfahrung der eigenen Beteiligung und das Bewusstsein der Gestaltbarkeit der Medien die eigene Verantwortung wahrnehmen.

Kulturelle Bildung setzt genau dort ein: bei Performance und Ausdrucksfähigkeit, bei Fragen der Identität und der Anerkennung. Sie eröffnet den Zugang zum ästhetischen Urteil über das digitalisierte Alltagsleben und eröffnet Möglichkeiten der Positionierung (Jörissen/ Unterberg 2019, S. 20).

Hier stellt sich auch eine entscheidende Aufgabe für die Lehrerbildung aller Fächer, die allesamt durch die Digitalisierung eine Transformation durchlaufen. Die formalen Bildungsinstitutionen wie KiTas, Schulen und Hochschulen werden diese Aufgabe in naher Zukunft nicht alleine bewältigen können. Die Anregung zu freiem Denken und zum Gestalten einer digitalisierten Zukunft braucht auch fortgeschrittenes technologisches Wissen, das heute in non-formalen Bildungseinrichtungen wie Maker-Zentren, Fablabs oder Medienzentren zu finden ist. Darauf muss institutionelle Bildung sich stützen.

Literatur

Tanja Carstensen & Christina Schachtner & Heidi Schelhowe &Raphael Beer (Hg.): Digitale Subjekte. Praktiken der Subjektivierung im Medienumbruch der Gegenwart, Bielefeld 2013.

Nadine Dittert & Kamila Wajda & Heidi Schelhowe: Kreative Zugänge zur Informatik: Praxis und Evaluation von Technologie-Workshops für junge Menschen, Staats- und Universitätsbibliothek Bremen (Open Access) 2016: http://elib. suub.uni-bremen.de/edocs/00105551-1.pdf.

Benjamin Jörissen & Lisa Unterberg: Digitalität und Kulturelle Bildung. In: Benjamin Jörissen & Stephan Kröner & Lisa Unterberg, (Hg.): Forschung zur Digitalisierung in der Kulturellen Bildung, München 2019, S. 11-24.

Melissa Littlefield: Instrumental Intimacy: EEG Wearables and Neuroscientific Control. Baltimore 2018.

Heidi Schelhowe: Technologie, Imagination und Lernen. Grundlagen für Bildungsprozesse mit Digitalen Medien, Münster 2007.

Anmerkungen

1   Elektroenzephalografie zur Messung elektrischer Aktivität des Gehirns

Hinweise zu den Autorinnen und Autoren

Mohamed Anwar ist ein ägyptisch-sudanesischer politischer Karikaturist.

Gerhart Baum ist Politiker und Rechtsanwalt. Er war von 1972 bis 1978 Parlamentarischer Staatssekretär. Seit 2005 leitet er den NRW-Kulturrat.

Roland Bernecker, Dr. phil., ist Kulturwissenschaftler. Er war von 2004 bis 2019 Generalsekretär der Deutschen UNESCO-Kommission.

Prof. Dr. Olaf-Axel Burow ist Professor em. für Allgemeine Pädagogik an der Universität Kassel und Direktor des IF-Institute for Future Design (www.if-future-design.de).

Okaka Opio Dokotum ist außerordentlicher Professor für Literatur und Film, stellvertretender Vizekanzler an der Lira-Universität in Uganda und Dramatiker, Dichter und Filmemacher. Zahlreiche Publikationen in den Bereichen Literatur- und Filmästhetik, Traumakino und -ästhetik, performative Poetik, Musikvideo, visuelle Geschichte, Heritage Studies und ugandische Literatur.

Johannes Ebert ist seit 2012 Generalsekretär des Goethe-Instituts.

Ulrike Guérot ist Politikwissenschaftlerin und Publizistin. Sie ist Professorin am Departement Europapolitik und Demokratieforschung an der Donau-Universität Krems, Gründerin des European Democracy Lab in Berlin und beschäftigt sich mit der Zukunft des europäischen Integrationsprozesses.

Ronald Grätz ist Generalsekretär des Instituts für Auslandsbeziehungen, Stuttgart und Herausgeber der Zeitschrift Kulturaustausch.

Jens Hacke, Dr. phil., ist Politikwissenschaftler und Autor.

Wolfgang Kaschuba, Prof. em., ist Ethnologe und Kulturwissenschaftler. Er ist Abteilungsleiter im Institut für Migrationsforschung (BiM) der Humboldt-Universität zu Berlin und Vorstandsmitglied der Deutschen Unesco-Kommission.

Tobias J. Knoblich, Dr. phil., ist Kulturwissenschaftler, Kulturmanager und Kulturpolitiker. Er ist Dezernent für Kultur und Stadtentwicklung in Erfurt. Seit 2018 ist er Präsident der Kulturpolitischen Gesellschaft e. V.

Matthias Koenig, Prof. Dr., lehrt Soziologie mit Schwerpunkt Religionssoziologie an der Georg-August-Universität Göttingen. Er ist zudem Fellow am Max-Planck-Institut zur Erforschung multireligiöser und multiethnischer Gesellschaften.

Christian Krell, Prof. Dr., lehrt Staatsrecht und Politik an der Hochschule des Bundes. Er ist Honorarprofessor der Rheinischen Wilhelms-Universität Bonn.

Dirk Lewandowski ist Professor für *Information Research & Information Retrieval* an der Hochschule für Angewandte Wissenschaften Hamburg.

Maik Müller ist Leiter der Martin Roth-Initiative. Er war als Berater der Organisationsentwicklung, der Konfliktlösung und der psychosozialen Unterstützung im Kontext politischer Gewalt u.a. bei Peace Brigades International (PBI) und verschiedenen Menschenrechtsorganisationen tätig.

Maximilian Röttger ist für die Martin Roth-Initiative tätig.

Marie Rosenkranz ist wissenschaftliche Mitarbeiterin bei dem Soziologen Andreas Reckwitz an der Humboldt Universität zu Berlin. Sie forscht zu künstlerischem Aktivismus und kreativem Protest und hat das von Ulrike Guérot gegründete European Democracy Lab in Berlin mit aufgebaut.

Heidi Schelhowe, Prof. Dr., ist Hochschullehrerin an der Universität Bremen für Digitale Medien in der Bildung und Leiterin der Arbeitsgruppe dimeb.

Bernd Scherer, Dr. phil., ist Intendant am Haus der Kulturen der Welt (HKW) in Berlin und hat eine Honorarprofessur am Institut für Europäische Ethnologie der Humboldt Universität zu Berlin inne.

Jürgen Trabant, Prof. em., ist Romanist. Er ist Mitglied der Forschergruppe »Symbolische Artikulation. Sprache und Bild zwischen Handlung und Schema« (Volkswagen Stiftung) an der Humboldt-Universität zu Berlin.

Sara Whyatt war Direktorin des PEN International und ist seit 2013 als freiberufliche Beraterin u.a. für Freemuse, Culture Action Europe, PEN und die UNESCO tätig. Sie trug als Hauptautorin des Kapitels über künstlerische Freiheit zum UNESCO-Globalbericht 2018 *Re/Shaping Cultural Policies* bei. Sara Whyatt ist beratendes Mitglied des Netzwerks International Arts Rights Advisors (https://iaralive.wordpress.com/).

Mary Ann de Vlieg ist Vorsitzende der EU-Arbeitsgruppe Arts-Rights-Justice und Beraterin für internationale Kulturprojekte. Für ihre Verdienste um die Mobilität von Künstlerinnen und Künstler wurde sie mit dem EU Individual Award ausgezeichnet.

Odila Triebel, Dr. phil., ist Bereichsleiterin Dialog und Forschung »Kultur und Außenpolitik« am Institut für Auslandsbeziehungen (ifa), Stuttgart.

Bildnachweis

Buchumschlag: Stephan Meissner (»Dynamic Carbon«), Foto: Adrian Dittert • S. 6: Stephan Meissner (»Tape Splash«), Fotograf: Laurenz Bostedt • S. 34: Stephan Meissner (»Black Matter«) • S. 39: Atau Hámos (»City Lights«) • S. 46: Stephan Meissner (»Tape Splash«), Fotograf: Laurenz Bostedt • S. 52: Adrian Dittert und Cedric Goussanou (»Glow«), Fotograf: Laurenz Bostedt • S. 57: Stephan Meissner (»Dynamic Carbon«), Fotograf: Adrian Dittert • S. 80: Nicolas Lawin (»Straight Lines«), Fotograf: Adrian Dittert • S. 89: Stephan Meissner (»Tape Splash«), Fotograf: Laurenz Bostedt • S. 99: Stefan Busch (»Sakura«), Foto: Stefan Busch • S. 103: Stefan Busch (»Can«), Foto: Stefan Busch • S. 118 oben: Atau Hamos, Thomas Meissner, Adrian Dittert (»Japan«), Fotograf: Shinya Aizawa • S. 118 unten: Stefan Busch und Adrian Dittert (»Japan Ecke«) • S. 125: Stephan Meissner (»Tape Splash«), Foto: Adrian Dittert • S. 130: Stephan Meissner (»Dynamic Carbon«), Foto: Adrian Dittert • S. 140: Stephan Meissner (»Intuition«) • S. 144 oben: Stephan Meissner • S. 144 unten: Stephan Meissner, Foto: Laurenz Bostedt

Erste Auflage 2021

© 2021 für die Fotografien Tape That, https://tapethatcollective.com/
© 2021 für die Texte bei den Autoren
© 2021 für diese Ausgabe: Steidl Verlag, Göttingen

Herausgeber: Roland Bernecker und Ronald Grätz
Redaktion und Lektorat: Mirjam Schneider
Buchgestaltung: Rahel Bünter / Steidl Design
Gesamtherstellung und Druck: Steidl, Göttingen
Bildbearbeitung: Steidl image department

Steidl
Düstere Str. 4 / 37073 Göttingen
Tel. +49 551 49 60 60
mail@steidl.de
steidl.de

ISBN 978-3-95829-785-2
Printed in Germany by Steidl